教育部职业院校文化素质教育指导委员会组织编写

船政人物故事读本

金秋蓉 著

中国人民大学出版社
·北京·

图书在版编目（CIP）数据

船政人物故事读本 / 金秋蓉著. -- 北京：中国人民大学出版社，2021.2
ISBN 978-7-300-29097-3

Ⅰ. ①船… Ⅱ. ①金… Ⅲ. ①福建船政交通职业学院—校友—生平事迹—近代 Ⅳ. ①K820.6

中国版本图书馆 CIP 数据核字（2021）第 041028 号

教育部职业院校文化素质教育指导委员会组织编写
船政人物故事读本
金秋蓉　著
Chuanzheng Renwu Gushi Duben

出版发行	中国人民大学出版社		
社　址	北京中关村大街 31 号	**邮政编码**	100080
电　话	010–62511242（总编室）		010–62511770（质管部）
	010–82501766（邮购部）		010–62514148（门市部）
	010–62515195（发行公司）		010–62515275（盗版举报）
网　址	http:// www. crup. com. cn		
经　销	新华书店		
印　刷	天津鑫丰华印务有限公司		
规　格	185 mm × 260 mm 16 开本	**版　次**	2021 年 2 月第 1 版
印　张	10 插页 1	**印　次**	2023 年 7 月第 2 次印刷
字　数	150 000	**定　价**	40.00 元

序

PREFACE

最初接触船政文化，还是二十几年前李宗庆同志编写《福建船政学校校志》的时候，我帮着做点校对的工作。后来，学校在我编辑的学校简讯上开设了一个小栏目，每期刊登一个船政人物。由于这些人物的传记都是用文言文写成的，当时并没有引起我更多的兴趣。我真正对船政文化产生兴趣还是在从事高教研究工作之后。那时学校已合并升格为高等职业院校，船政文化已成为显学。当试着走近船政文化时，我不由自主地为它恢宏壮阔的气势所震撼，为它的博大精深所吸引。我开始自觉地宣传船政文化，也希望有更多的人了解、接纳船政文化。

船政文化是座富矿，有着极其丰富的文化内涵，而船政人物无疑是了解船政文化最直接、最鲜活的路径。《船政人物故事读本》撷取了船政各个层面的代表性人物和他们的经典事迹，以更贴近时代的表达方式解读、传播船政文化。在这本书中，图是很重要的表达方式，人物将成为历史的联结者，“用图说史，用人物说史”是本书倡导与努力的一个方向。

在人物的写作上，本书也一改传统简历式的写法，而是撷取人物一生中最具代表性的事件、最光辉灿烂的业绩、最突出的个性来写作，力图通过不多的文字勾勒出人物丰富而立体的形象。写作本身充满了发现的惊喜和创造的快乐。当我对船政的历史重新进行梳理，对船政人物重新进行定位时，我一次次惊讶于船政学堂曾经的辉煌，感动于船政学子强烈的民族使命感和不屈的斗志。

历史总是充满了误读。少年时的我曾经非常抗拒清代史，对其中的人物也鲜有好感。可当我读到左宗棠七十多岁高龄带着棺材出征沙场时，我按捺不住内心的激动为他击节叫好。又如甲午战争英雄刘步蟾，其实是一位非常出色的海军将领，可在许多影视剧中他都被刻画成了反面人物。又如抗法英雄吕翰，我一读到他被获准上战场时登舰抚炮长笑“酬我志者，此也”及战场上“短衣仗剑”冲向敌舰的文字时，总不由自主地想起古代的侠客。我很庆幸有机会做这件有意义的事，有机会用自己的文字表达对这些前人的尊敬和敬佩，也希望通过这本书能让更多人了解、喜爱船政文化。

这本书的写作，得到了学校的大力支持，书中的手绘插图为书境文创公司绘制，在此一并致谢。

金秋蓉

2020 年 9 月于福州

目录

CONTENTS

第六章 海军根基

第七章 马江英烈

第八章 甲午英烈

参考文献

附 录

第一章 创办船政

创办船政，是晚清民族精英为改变国家积贫积弱的现状而进行的一场民族自救运动。关于船政，史家有定论：创于左宗棠，成于沈葆桢。

第一节

清朝最后一根顶梁柱——左宗棠

左宗棠（1812—1885）

字季高，号湘上农人，湖南湘阴人。清道光十二年（1832年）中举，三次进京会试均落第，居家治“经世”之学。1852年入湖南巡抚幕府，从此步入仕途。其道德文章、文治武功和爱国精神皆在晚清堪称第一，是与林则徐齐名的民族英雄，颇富传奇性。美国前副总统华莱士曾对左宗棠有以下评价：“左宗棠是近百年史上世界伟大人物之一，他将中国人的视线扩展到俄罗斯，到整个世界……我对他抱着崇高的敬意。”

身无半亩　心忧天下

左宗棠天资聪颖，勤奋刻苦，遍读群书，对经世致用的学问非常感兴趣。18岁时曾向经世致用学派的领军人物、江苏布政使贺长龄“借了一年的书”，得到贺长龄的指点，随后师从经世致用派大师贺熙龄，接触了《海国图志》《圣武记》《读史方舆纪要》《天下郡国利弊书》《水道提纲》等国家地理、农田水利、兵法等方面的经典著作，奠定了他一生倡导经世致用之术、关注国计民生的思想轨迹。

青年时的左宗棠虽声名日隆，被誉为“近日楚材第一”，但其科举之路并不顺遂。20岁中举后，三次科举考试均告失利，他决意效仿诸葛亮，躬耕农田。其成亲之时，曾在新房自拟一联：“身无半亩，心忧天下；读破万卷，神交古人。”

左宗棠虽仕途失意，但其才华还是得到了很多人的赞赏。被称为“国之一士”的两江总督陶澍视之为奇才，邀请他到府上任教，并结为儿女亲家。左宗棠在陶家任教期间，遍览陶家藏书，开始接触到一些西方的军事和生产技术，这些都促使他日后坚定地推行“师夷长技以制夷”的洋务运动。

1849 年 11 月，云贵总督林则徐辞官回福建养病，途经长沙时，谢绝湖南巡抚等大小官员的拜会，专程派人邀见左宗棠，一夕夜话之后，林公赞其为“绝世奇才”，遂将自己数年来搜集整理的新疆资料悉数交给左宗棠：“将来东南洋夷，能御之者或有人，西定新疆，舍君莫属。以吾数年心血，献给足下，或许将来治疆能用得着。老朽多病，心力交瘁，无能为矣！西北、东南之事，多多拜托了！”临别，林则徐在舟中手书一联赠左宗棠：“此地有崇山峻岭，茂林修竹；是能读三坟五典，八索九丘。”左宗棠非常感动，晚年书斋犹悬此联。

民族英雄将国事托付布衣平民，“湘江夜话”一时名动江湖。20 多年后，左宗棠经营西北，收复新疆，建置行省，屯田垦荒，兴修水利；在东南沿海编练渔团、创办船政、加强海防、抗击外侵，与林则徐的影响是分不开的。

情牵洋务　创办船政

办洋务企业，是左宗棠一生中重要的功绩。他一生中的后 30 年是同洋务运动密切相关的。只要是他足迹所至，权限所及，到处都办强国利民的实事：兴屯垦、搞绿化、修水利、禁鸦片、办学校、开工厂、引进西方先进科学技术。左宗棠无论是创办船政，还是后来开办西安机器局、兰州火药局、库车火药局、阿克苏制造局、兰州织呢局，都在践行其“师夷长技以制夷”的洋务思想，带有强烈的自强御侮目的。

1866 年 3 月，左宗棠班师回闽。这年 5 月，他郑重地向朝廷提出了创办福州船政局、自行设计制造轮船的建议。1866 年 7 月，清政府批准左宗棠的奏章，以“当今应办急务”令左宗棠办理船政。左宗棠择址福州马尾山下建厂、建学堂，与法国人德克碑、日意格签订合约，定下船政发展方针大政。后因西北回民起义，朝廷急调左宗棠为陕甘总督。他在缓行期间，物色沈葆桢为接办人员，筹购机器，募雇洋匠来闽。后来船政遇到经费困难，也是由左宗棠上书朝廷，请求朝廷从专项收入中拨款保证船政经费。左宗棠几次挽救船政局于困境之中，对船政的发展功不可没，史界有“创于左宗棠，成于沈葆桢”的定论。

舆榇誓师　铮铮铁骨

1860 年 5 月，48 岁的左宗棠受命组建楚军，开始了其叱咤风云的将帅生涯。此后 27 年中，他先后组建与统率 20 万“左恪靖军”雄师，南征北战，东伐西讨，转战于湖南、江西、新疆、内蒙古、云南、台湾等 22 个省份和地区，征程十余万里，立下赫赫战功。

图 1-1　左宗棠以古稀之龄“舆榇誓师”，一战封神

自1840年第一次鸦片战争以来，在抵御帝国主义列强侵略的抗战史上，仅有的三个大胜仗，都是左宗棠直接指挥或者遥控的。即：1876—1880年间，进军新疆，先讨平天山南北的回奸白彦虎等并消灭在英、俄策划下入侵新疆的阿古柏匪帮，随后收复沙俄侵占的伊犁地区；1884年台湾海峡两岸的保卫战，击败法国侵略者并击毙其海军司令孤拔中将（中炮重伤后毙命）；1885年，援越抗法之战，大破法军于镇南关与谅山地区，并击毙其陆军头目安邺。

在收回伊犁问题上，左宗棠一力主战。1880年4月28日，68岁高龄的左宗棠“舆榇誓师”（置一口巨大的黑漆棺材，由八名健儿抬举，随军而行），以誓与俄国决一死战的决心。此举极大地鼓舞了士气，也很好地震慑了敌军，迫使俄国人重新坐下来与清政府谈判，签订了《伊犁条约》，收回了被俄国侵占11年之久的伊犁，新疆完整回归祖国。王震大将军生前经常指着中国地图对部将们说：“倘若没有左宗棠，这块160多万平方千米的‘雄鸡尾巴’，早就给‘北极熊’叼走了！”

因为左宗棠常常给侵略者以沉重的打击，所以外国人对他非常害怕，不敢冒犯，当时“西洋所震者惟左宗棠”。当时朝廷上下对其评价甚高，有“中国不可一日无湖南，湖南不可一日无左宗棠”之说。在这个奋起抗争、抵御外侮的时代，拥有“二等恪靖侯、东阁大学士、太子太保、一等轻骑都尉、赏穿黄马褂、两江总督、南洋通商事务大臣”名头的左宗棠可谓清朝最后一根顶梁柱。

第二节

首任船政大臣——沈葆桢

沈葆桢（1820—1879）

原名振宗，字翰宇，号幼丹，福建侯官（福州市）人，历任翰林院庶吉士、武英殿纂修、江南道监察御史、江西九江知府、江西巡抚、总理船政大臣、两江总督兼南洋大臣。其一生业绩最突出的是办理船政、创办学堂、制造兵轮、保卫台湾，是一位靠着一腔热血圆了中国近代海军梦的封疆大吏。

总理船政　创办学堂

左宗棠刚刚定下船政学堂的发展蓝图，就因新疆动乱调任陕甘总督。为了不让其心血付诸东流，左宗棠一面约日意格、胡雪岩来福建签订合同，一面亲自物色接替人选。

接替人选必须满足三个条件：一是了解并支持洋务；二是性格坚毅（自主建造舰船在当时属新兴事物，受到的阻挠压力可想而知，非性格坚毅者不能成事）；三是在福建当地享有威望。

沈葆桢进入左宗棠视野，但左宗棠三次上沈家商请，都被沈葆桢以丁忧为由婉言谢辞。无奈之下，左宗棠上奏《派重臣总理船政折》，指出："接办之人，能久于其事，然后一气贯注，众志定而成功可期，亦研求深，而事理愈熟悉，此唯沈公已。”清廷准奏，授沈葆桢总理船政大臣。

1867 年 7 月，沈葆桢正式出任总理船政大臣。上任伊始，他一方面委派日意格、德克碑回国购买设备，并聘请洋师、洋匠。船政相继从国外聘来 52 名技术人员担任监工、矿师、绘图员、书记、匠首、教习等职务。另一方面在马尾中岐征购土地，建设工厂、船坞、学堂、宿舍等。左宗棠原订合同设工厂 5 所、学堂 1 所，用地 200 余亩。在沈葆桢主办期间却大力发展：工厂增至 13 所，学堂增至 5 所，用地扩大为 600 亩，规模相当可观。

在船政发展的问题上，沈葆桢很有远识卓见，认为“船政根本在于学堂”“不重在造而重在学”。他清楚地知道，满口之乎者也，一肚子四书五经，已经不再是人才的标准了。如果培养不出一批造船和航海人才，一切依赖洋人，振兴海军只能是南柯一梦。他制定了船政学堂章程，引进了西方的教育模式和课程设置，实行严格的管理方法。他每三个月亲自组织对学生的考试，并规定考试成绩“一等者，赏洋银十元，二等者无赏无罚，三等者记惰一次。两次连考三等者戒责。三次连考三等者斥出。而三次连考一等的除照章奖赏外，还赏给衣料，以示鼓励。”他还积极推行留学生制度，选派优秀毕业生到欧洲留学。船政学堂先后派出了 106 名学生留学欧洲，这些学有所成的留学生回国后成长为中国近代社会思想、文化、军事、科技等各领域的精英，直接推动了中国近代社会的发展。

制船造舰　圆梦海军

1861 年 1 月，船政开始制船造舰。破土动工的那一天，沈葆桢亲自率领船政局的文武官员，举行了隆重的安放龙骨仪式。此后，他经常微服进入车间，详细询问新奇而神秘的西洋造船技术，从蒸汽机的运作原理到木材的弯曲工艺，对每一道工序都了如指掌。经过一年的努力，1869 年 6 月，船政造出了我国近代第一艘蒸汽式战舰——“万年清”号。这艘舰长 78.54 米，宽 9.17 米，装有 140 毫米大炮，110 千瓦，速度 10 节。为了测试这艘战舰的性能，下水首航的那一天，沈葆桢亲自登上“万年清”号，从闽江口驶出大海，到大浪里实地感受了一番。他十分满意地评价其“船身似尚牢固，轮机尚轻灵”，并称赞那些担任掌舵、管轮、炮手和水手的人“亦尚进退合度”。

图 1–2 沈葆桢亲自出海试航“万年清”号

在沈葆桢的努力下，短短 5 年的时间，船政造船厂建成大小轮船 15 艘，其中 184 千瓦的 1 艘、110 千瓦的 9 艘、59 千瓦的 5 艘。在前来参观的英国军官寿尔的眼中，中国自制的 110 千瓦的船用蒸汽机，其技术含量和做工精细程度可以与英国造的相媲美。这些生产出来的舰船装备了中国第一代海军，为不断扩大外海水师的规模奠定了基础。

创办近代海军、建设近代海防，仅仅拥有近代化舰船是不够的，更重要的是还必须同时拥有能够制造维修和指挥操纵舰船的人。在沈葆桢的主持下，以创办学堂和派遣留学生为主的近代海军教育随之兴起。沈葆桢非常重视近代海军军官的培养，所设驾驶专业即是培养海军技术军官。他认为船成之后，要以驾驶为急务，强调有船不能驾驶，与无船同。在培养驾驶人才这个问题上，沈葆桢非常重视“练船”训练。1873 年 2 月，在航海实习教师德塞勒的带领下，船政练船“建威”号先后驶至厦门、香港、新加坡、槟榔屿，历时4个月。去时由教师“躬督驾驶”，学生则按日详细记录，对照课堂上学习的天文海图，随时测量日月星辰的方位；回来时则由学生自行驾驶，教习一面检查、核对学生所作记录，一面注意观察学生的应变能力和精神状态，据此评定成绩的优劣。通过实践考查，张成、刘步蟾、林泰曾等优秀学生脱颖而出，沈葆桢再将这些优秀毕业生派到舰船上担任高级指挥官。至此，福建水师已经成型。

此外，沈葆桢还启动了留学生计划，选派一批优秀毕业生到欧洲留学深造。1880年，首届出国学生陆续返回中国，在中国海军建设已经全面铺开之际，这批在外深造过的人才与船政学堂培养的青年军官，缓解了中国海军人才缺乏的严峻问题，为近代海军事业的发展奠定了基础。在我国近代的海军中，许多舰艇长、舰队司令、海军大臣、总长、部长，都是从船政学堂毕业的，船政学堂成为我国近代海军的发源地。

沈葆桢，这位励精图治、才华横溢的封疆大吏在任总理船政大臣期间，视野开阔、事必躬亲、力排众议、任人唯贤、创办学堂、培育精英，靠着一腔热血圆了中国的海军梦，被史家誉为“中国海军之父”。

巡守台湾　驱逐日寇

清末年间，日本经常凭借其海上优势，袭扰我国沿海一带地区。1874年5月，11艘舰船载着3 500名日本兵驶向台湾，烧杀抢掠，无恶不作，而那时“台地千余里竟无一炮”。清政府不知如何是好，慌忙让沈葆桢“以巡阅为名，前往台湾生番一带察看，不动声色，相机筹办”。

台湾防务本来极为空虚，战斗力异常低下，能够战斗的只有驻台营兵1 000人和从内地调来的楚兵4 000人，更可怕的是，整个台湾竟无一门合用的火炮。沈葆桢一面急呼增援，一面积极筹划部署：调福建部队来台，调北洋大臣与南洋大臣的洋枪队来台，使台湾南路清军激增至8 000人，北路增至6 500人。他又在台湾招募乡勇、土勇，并组织与奖励乡团。到7月间，由沈葆桢指挥的部队已达万余人，大大超过日本兵力。

1874年9月，他又仿照法国巴黎要塞式样，在台湾海防要地安平修建大炮台，安放西洋新式大炮。在炮台围墙顶端，他亲笔书写端庄雄伟的“亿载金城”4个大字。他又在凤山县修建了东港炮台和旗后炮台；在澎湖改建了妈祖宫炮台，新筑了大城北炮台；在北路还筹建了基隆炮台和沪尾炮台，巩固了海防，使日军侵犯台东的企图无法得逞。

沈葆桢以船政造船厂所造的“扬武”“飞云”“安澜”“靖远”“振威”等号兵轮常驻澎湖，确保台湾防务的后路安全；又以“福星”号驻台北，“万年清”号驻厦门，“济安”号驻马尾，以巩固门户；还有多艘运输轮南来北往，运送部队、军火和饷械。

随着清军分三批相继到达台湾，并进驻前沿，陆军总攻的准备工作已基本完成。相反，侵台日军见台湾防务强大，自己的侵略野心不可能得逞，便请英国公使威妥玛调停，将索赔的兵费120万两改为抚恤金10万两，又对日本在龟山所修建的道路、房屋、医院等估价为40万两，由中国收买，合计50万两，双方签订《中日台事专约》，12月3日，日本从龟山撤离。

沈葆桢率领海军在台湾阻抗日本，是近代中国第一次用自己建立起来的海军，震慑外国侵略者的一次成功的军事行动。随后沈葆桢又采取各种措施开发台湾，促进了台湾的发展，被誉为“近代台湾建设的第一人”，其对台湾的贡献度仅在郑成功之下。

1875年，沈葆桢在台湾成功击退日军侵略后，为鼓舞民众，弘扬民族精神，会同福州将军火煜、闽浙总督李鹤年、福建巡抚李凯泰上奏朝廷，请给郑成功赐谥、建祠。台湾延平郡王祠落成后，沈葆桢又亲自书写楹联纪念郑成功这位民族英雄：

开万古得未曾有之奇，洪荒留此山川，作遗民世界；

极一生无可如何之遇，缺憾还诸天地，是创格完人。

第二章　管理船政

在船政发展壮大的过程中，无数船政人为之付出心血和汗水，上自船政大臣，下至洋监督，无不恪尽职守、兢兢业业。

第一节

受命于危难之际的船政大臣——裴荫森

裴荫森（1823—1895）

字樾亭，江苏阜宁人。1863 年中进士，在工部都水司任职。1867 年参与办理长沙团练，1870 年从湖广总督李鸿章办理营务，不满李鸿章媚外政策，愤而辞职，往长沙办理团练，主持湖南全省营务处。1883 年调任福建按察使，马江战败后接任船政大臣。裴荫森是清代的第八位船政大臣，亦是最后一位专职船政大臣，其眼光远大，励精图治，在造船、建坞、设厂、培育人才方面颇有建树。

为官清正　深孚民心

裴荫森一腔忠贞，报效国家，为官清正，三十年如一日，他常对人说："应办的事，当竭力为之，不该畏惧和回避。"1881 年，裴荫森任湖南辰沅永靖兵备道。辰沅地区即今湘西土家族苗族自治州，因贪官横征暴敛，苗民苦不堪言，事端时有发生。他上任后视察数千里，每次出巡，都是单人骑马，只带两个随从人员，途中遇到有人投诉，就在邮亭现场办公解决问题；还亲手发放苗饷，杜绝贪官中饱私囊。裴荫森施行的"安边惩贪"政策深得民心，也使他声名远扬。

1883 年 2 月，裴荫森升任福建按察使。1884 年 6 月，法国海军中将孤拔集结舰队于马江，强行驶入马尾港，民众恐惧。裴荫森率募勇登临福州城巡视，和衣而卧数月，深得民心。当时英国领事新察里入督府会见总督，民众误以为法国间谍，以为总督通法有据，群起哄噪，烧毁总督衙署大门，冲到大堂，要杀总督和洋人。裴荫森闻讯赶至，对群众说："这确实是英国商人，不是法国人，如果杀了他，又会引起英国方面的祸端，对你们也不利。"众人听后都说："裴大人是好官，他的话可信。"围攻的人群这才散去。

裴荫森任船政大臣 6 年，勤政廉洁，事必躬亲，所有公务文件都亲自处理，建造轮船、船坞开工等此类大事更是每日亲临现场督察。他的工作习惯是半天在衙门办公，半天在工厂监工。

临危受命　重振船政

1884 年马江海战战败，原船政大臣何如璋及钦差大臣张佩纶被革职。同年冬天，裴荫森临危受命，接任船政大臣。战后的船政一片萧条：船厂遭法国人炮击后，举目荒凉，残破不堪，一切需要修复，而面临的经费困难更让船政举步维艰。面对种种困境，秉承林则徐"苟利国家生死以，岂因祸福避趋之"遗训的裴荫森并未气馁，而是对船政事业充满了信心。

裴荫森在总理船政大臣任上，艰苦创业，惨淡经营，极力重振船政。他非常重视海防建设，通过制炮、造船、选将、练兵、修造船坞、设立鱼雷厂等措施，努力构建他理想中的海上长城。在他百折不回的努力下，船政在其任上共制成"横海"号、"镜清"号、"寰泰"号快船三艘，"广甲"号、"广乙"号、"广丙"号、"广丁"号轮船四艘，"平远"号双机钢甲兵轮一艘，设鱼雷厂一所，护船炮台三座，石底船坞一处。

裴荫森对培养和造就船政人才，也倾注了大量心血。他重新修订船政学堂规章制度，严定课程，强调航行训练和实战技能操练，对水师学堂的学制、教学内容和教学手段都做了重大改革。他向清政府奏请复设练船，认为学业愈练愈熟，人才愈练愈多。对于续选出洋的学生，他请求延长学习年限，以期学成有效。他恢复已停办五年多的艺圃，扩大招生，培养技术工人。他信任并重用魏瀚等船政学堂毕业生，试造新式军舰，制成具有世界先进水平的中国第一艘双机钢甲巡洋舰——“平远”号。

裴荫森的管理风格也极具艺术性。对内，他抓住机遇，与友邻搞协作，争取南洋与广东省的支持，同时又能团结船政管理层、技术层的各方人士，形成巨大的内部合力。对外，他视侵略者为仇敌，而对洋匠、洋教习、洋监督及通商员却是宾礼有加，善于利用其先进技术及其与本国官方的联系，使我国出洋留学的生徒得入欧洲官学、官厂学习，而尽得秘传。

在裴荫森的管理下，船政重新焕发了生机，并在多项领域取得突破性进展。闽浙总督涂朗轩对他“钦仰无似”，称赞道：“船政自阁下莅厂后，日起有功，总望管带得人，训练有法，斯实效可收耳。”纵观裴荫森的业绩，以建造“平远”舰和一号船坞为最。

制造中国第一艘双机钢甲巡洋舰——“平远”号

裴荫森一心想建造先进的船炮充实海军力量，建立海上长城。1885 年，他亲撰《请拨款制船疏》，联合左宗棠、福州将军穆图善、闽浙总督杨昌浚、福建巡抚张兆栋上奏，指出“欧洲大局已成连横之势，我除制船造炮，教将练兵，别无自强之道”。请求清政府拨款试造双机钢甲兵轮三数艘，以壮军心，以坚和局。清政府出于各种力量的平衡，最终批准建造一艘钢甲船。

这艘钢甲船由曾经留学法国的船政学堂首届毕业生魏瀚、陈兆翱、郑清濂 3 人共同监制。1886 年，魏瀚前往法国购买建舰所需钢材。同年 12 月 7 日，为舰只安放龙骨。1888 年 1 月 29 日舰只首次下水，并被命名为“龙威”(后改名为“平远”)。“龙威”是船政所造的第 29 艘舰只，舰只设计仿照法国同级战舰，部分材料及武器亦购自国外。此船身长 19.7 丈，宽 1.7 丈，吃水深 2.12 丈，马力 2 400 匹，排水量 2 100吨，速度每小时14海里。配炮位12，船首置探海灯1台，全船均配有电光灯，在当时可谓全部现代化。裴荫森对此舰非常满意，认为：“船式之精良，轮机之灵巧，钢甲之坚密，炮位之整严，该学生聪明才力亦已殚竭无遗。”北洋海军提督丁汝昌偕同总教习琅威理仔细勘验了“龙威”舰，并出海试航达3小时，给予“龙威”舰高度评价，称“闽厂首先试造之船能是亦足”。“龙威”舰建成后编入北洋舰队，改名为“平远”，在中日黄海大战中参加战斗行列，曾受弹20余处，毫无损坏。

“平远”号双机钢甲船的制成是中国造船史上的一个里程碑。“平远”号是中国首只自行建造的装甲战舰，建造过程没有使用外国工匠，反映了当时中国造船的最高水平。船政自制的钢甲兵轮仅此一号，亦为裴荫森对船政最突出的表现。

修建远东最大的船坞——一号船坞

裴荫森因近年所造兵轮，船身重大，旧有船槽不便修理，便于1886年奏准朝廷，择地罗星塔东侧的青洲，修筑一座大型船坞。开工后，经费困难，数次停工。船坞延至1893年方完工，称青洲船坞，后因船厂南侧马限山下又辟一船坞而改称一号船坞。

图2-1　裴荫森修建了远东最大的船坞——一号船坞

一号船坞，长 130.9 米、宽 33.5 米、深 7.8 米，坞体为巨大花岗岩石砌成，坞口为大铁闸。轮船乘涨潮进坞，放下铁闸，再抽水出坞，冬季不冻，当时被誉为远东第一大船坞、世界第二大船坞。一号船坞开坞后，除接受中国当时最大的军舰“海筹”“海琛”“海容”进坞维修外，还修理过英、法等国的兵舰、商船。一号船坞亦是裴荫森对船政的一大贡献，可惜坞成之日，创办人裴荫森已不在人世。

1941 年日本军队入侵福州，撤退时炸毁船闸，一号船坞由此报废。近年经清淤修复，一号船坞旧貌略现。

第二节

赏穿黄马褂的洋监督——日意格

日意格（1835—1886）

法国人，自幼家境贫寒，勤奋好学，对造船、驾驶均感兴趣，早年在法国海军服役，是上尉军官。1856 年英法发动第二次鸦片战争期间来到中国。1866 年受左宗棠邀请，参与筹备船政，聘请外国造船工匠和船政学堂教师，1867 年任船政正监督。日意格为船政工作二十余年，在船政创办及发展过程中发挥了诸多重要作用，1874 年因工作卓有成效，先后赏加一品衔，授提督衔花翎，穿黄马褂。

筹办船政的幕后高参

日意格与左宗棠私交甚好。左宗棠在创办船政的过程中，日意格积极出谋划策，成为左宗棠筹办船政的幕后高参。

1866 年 7 月 14 日，清政府正式批准了左宗棠创办船政的建议。左宗棠当即邀请日意格和德克碑来福州，具体商议制定建厂造船的计划。1866 年 8 月，日意格来福州后，在选择厂址上积极向左宗棠进言，列举了在马尾设厂造船的 8 条好处：福州海口多山，军事上易于设防；附近有海关，经费容易筹措；海口水位较深，凡吃水 6.69 米至 7.01 米的火轮船皆可进出……他的意见也更坚定了左宗棠在马尾建造船政的选择。

在设厂造船的关键问题上，左宗棠与日意格就设局、建厂、制造、购机、驾驶、雇匠、经费和工期等一系列问题做了多次详细的研究，并由日意格拟定了具体计划，并在其承担的建厂、造船、驾驶、购器、雇匠等任务的计划上签字。

1866 年 11 月 29 日，船政提调胡光墉同日意格、德克碑到达福州，带来了经法国驻上海领事白罗尼印押担保的船政事宜、艺局章程、保约、条议、合同契约等文件，经左宗棠逐项审议，认为“均尚妥洽”，乃于 12 月 11 日与日意格、德克碑订约，最后确定了船政设厂造船的计划。

实现船政蓝图的执行者

1866 年 12 月 23 日，船政在马尾正式破土动工。日意格担任船政正监督，对自己的职责很明确。《船政事宜》是福建船政设厂造船的总纲。日意格将其归纳为五项：第一，兴建工厂和船厂，以修造船舶，并制造船舶所需的各种机器；第二，建立学堂，以训练造船制器的工匠，并训练驾驶人员；第三，雇用外国工匠造船制器，并教导工匠、匠首及艺童；第四，修建拉拔式船槽一座，以修理船舶；第五，兴建铁厂一座，能将本省所产的铁以及在中国所能获取的废铁熔炼并制成铁条、铁板。《船政事宜》里还规定，船政的制造、驾驶等一切事宜均责成日意格和德克碑承办。

在整个船厂工程估定之后，日意格与德克碑即回法国购买机器、钢材等件，并雇技术人员、工匠来福州。1867 年 10 月，日意格带着机器、人员回到福州，开始船政工程的各项建设。根据合同约定，日意格在船政供职，地位类似于总包工头，又有总工程师的职权。他忠于职守、严格管理、办事公正、赏罚分明、认真督促，工作成绩显著。

日意格将造船确定为船政的中心任务，船厂建成后，便抓紧开工造船，他统揽了头绪万端的大小事务，调度得法。1869 年 6 月，船厂就造出了中国第一艘千吨级轮船——“万年清”号，质量接近当时世界造船的先进水平。1871 年 6 月，第一台二汽缸竖式普通蒸汽机制造完工，成为船政制造的第一台动力机器，且工艺水平不亚于外国。稍后，船政还不断地制造出主机、辅机和仪表等船用机器设备。自 1866 年 12 月至 1874 年，日意格履行与船政当局订立的合约，在 50 余名洋技术人员的协助和全体中国职工的共同努力下，共造出兵、商船 15 艘，其中所造的 1 500 吨级兵船“扬武”号相当于国外二等巡洋舰水平，技术上的进步是明显的。船政还相继建成了铁厂、水缸厂、轮机厂、铸铁厂、打铁厂、转锯厂和船台三座，铁船槽一座，其规模之大，设备之齐全，在当时世界上亦属大造船厂之列。

图 2-2　洋监督日意格是船政蓝图的执行者

秉承左宗棠、沈葆桢的意旨，按照《船政事宜》的要求，日意格在船政设厂的同时，也重视船政学堂的兴办。从代聘洋教师，订立合约，到设置专业，订立教学计划，他都花费了不少精力，全面落实“包造”“包教”的合同条款。为了便于船政学堂学生学习法语，他编写了我国第一部中法词典《福州船政学校常用技术词典》（后改名为《法汉袖珍词典》），对船政学堂学生掌握法语、学习技术起了很大作用，而且促进了中法文化交流。

中国留欧学生的监护者

当船政学堂教导功成后，日意格又提出派学生出国留学的建议，得到左宗棠、沈葆桢的赞同。沈葆桢即令日意格拟出留学条议、章程及费用清单，报清政府批准。1875 年 3 月，沈葆桢趁日意格去欧洲采购之便，挑选前学堂学生魏瀚、陈兆翱、陈季同，后学堂学生刘步蟾、林泰曾随同前往英、法考察。其中刘步蟾、林泰曾进了英国高士堡学堂。1876 年春，刘步蟾、林泰曾和陈季同随日意格回国，魏瀚、陈兆翱继续留在法国学习。这是船政局采纳日意格意见，派学生出国留学的先遣队。

1877 年 3 月，由福建船政前后学堂学生 26 名、艺徒 9 名组成船政第一届留学生，在监督李凤苞、洋监督日意格带领下分赴英、法等国学习。日意格具体安排了留学生学习和实习的问题，并经常加以察看、照料。1880 年这批留学生学成回国，在军事、科技、教育、文化等领域都颇有建树。

1881 年初，船政又派出前后学堂的 10 名学生出洋留学，仍由日意格担任洋监督。日意格担任船政学堂留学生的洋监督达 9 年之久，其间“凡酌派历届生徒分赴各厂肄业事宜，以及往来舟车饮馔医药，无不一手经理，实属异常奋勉”。在中法关系恶化期间，他进退两难，只好不领薪水，但仍尽义务照料留学生徒，实属难能可贵。

友好的法国援外者

左宗棠、沈葆桢创办船政，虽然在技术上依赖洋人，但却有很强的主权意识，坚持“权操诸我”的原则。日意格尽管出身于法国海军，在与中国官员交往中并未显露太多的殖民主义者色彩，是一位愿意与中国保持合作，而不是采取敌视态度的法国人。加上他精通汉语，办事热心，很为左、沈二人所赏识。

日意格在与船政合作的过程中，也曾受到外力的阻挠，法国决策人士担心船厂的冒险失败会给法国带来麻烦，不但不支持中国造船厂的计划，甚至要撤销日意格和德克碑的官方职务。日意格据理力争，通过多种渠道阐明与中国进行合作有助于法国的利益。他首先争取到海军界的理解和支持，进而直接上书法国皇帝拿破仑三世，还争取到拿破仑三世的接见，当面说明了情况。通过一系列活动，法国政府改变了不支持中国办船厂的态度，同意日意格以官方身份参与福建船政工作，准予派遣技术人员及出口机器设备，促成了中法在政府层面的合作，客观上为新兴的中国造船工业争取到了必不可少的外部技术力量支持。

1867年，船政聘日意格担任正监督。船政与日意格有明文约定，所有洋员须听命于船政中方最高负责人。日意格也明确表示："我们来为中国政府工作，我们没有放弃我们作为法国臣民的权利，但我们不再寻找通常已到这些国家居住的法国人的那些条件（指领事裁判权）。"这种态度就排除了船政早期雇佣的外国人员借助当时不平等条约而不服约束的可能性。当日后出现这方面的纠纷时，如洋员博士巴"作工固勤，物癖太甚"，态度蛮横，经常辱骂他人；巴士栋煽动一些洋员不服调度，沈葆祯命日意格依据"合同规约"第十条规定，把这两人驱赶回国。在当时中国主权屡遭侵犯的大环境中，船政能实现"权操诸我"，不让外国人胡作非为，日意格起了积极作用。

第三章 文化先驱

船政学堂成立、发展于新旧时代激烈碰撞的特殊历史时期，船政学堂的留学生制度让一批优秀毕业生得以到欧洲求学深造，得以接触到西方文明。全新的西方文化为这些学生打开了一个全新的天地，强烈冲击着他们的思想和灵魂。他们在如饥似渴汲取着知识的同时，深深渴望用这些全新的知识、理念来改造当时孱弱的中国，唤醒民众，缔造一个强大、民主、自由的新社会。他们中的一些人如严复、陈季同、王寿昌等勇敢地承担起了这一历史使命，成为中国近代新文化运动的先驱。

第一节

西方文化的“盗火者”——严复

严复（1854—1921）

福州人，学名宗光，字又陵，又字几道，晚年号愈懋老人，船政学堂第一届毕业生，1877 年作为第一届留学生赴英留学，中国近代著名的启蒙思想家、翻译家、教育家。

严复在中国近代史的重要地位，主要来自他在近代中国向西方学习的历史潮流中他人难以替代的作用。他是中国真正了解西方文化的第一人，也是中国学习、传播西方文化的第一人。毛泽东称“洪秀全、康有为、严复和孙中山，代表了中国共产党出世以前向西方寻找真理的一派人物”。集启蒙思想家、翻译家、教育家于一身的严复俨然是近代中国向西方文化的盗火者。

最有影响的政治思想家和评论家

严复留学英国期间，兴趣逐渐脱离本行，转移到西方的资本主义政治制度和哲学。在这一时期，他对西方学术思想的了解非常广泛：他不仅对西欧近代思想家哥白尼、牛顿、康德、培根、霍布斯、洛克、笛卡儿等有所研究，而且对古代欧洲的思想家柏拉图、亚里士多德等也有一定了解。而当时西欧盛行的后自由市场阶段的经济、政治观点，在英国广泛传播的达尔文的进化论，以及哲学社会中的实证论、不可知论等主观唯心论思想对严复的影响尤为巨大。这些见闻与学习经历，使得严复对资本主义社会的理解更为直接与深刻，郭嵩焘、梁启超等都交口称赞他“中西兼通”。

中西兼通的严复一生主要通过翻译西方学术著作来传播西方思想。他对西方原著精心挑选，但在翻译时常常掺杂自己的见解，还要附加大量按语，有些译作甚至带有不同程度的改编。因此严复译作中有不少内容实际上反映的是他自己的思想。

在甲午战争后民族危机空前严重的历史时期，严复是第一个通过系统介绍西方学术、提倡资产阶级思想与文化，以达到挽救中国、富国强兵目的的资产阶级改良主义启蒙思想家，被称为“中国第一个真正了解西方文化的思想家”。其主要历史功绩有三：第一是在天津《直报》上先后发表了《论民变之亟》《救亡决论》《原强》及《辟韩》4 篇重要论文，向封建专制主义发起了猛烈的进攻。其中的《原强》一文全面提出了他的资产阶级民主思想，《辟韩》则对封建主义专制政治提出了最尖锐、最严厉的抨击。第二是《天演论》的翻译，“物竞天择，适者生存”及“天赋人权”的思想给当时中国社会以强烈的冲击，为当时的维新变革提供了哲学基础，很大程度上奠定了他在中国近代思想史上的历史地位。第三是创办了《国闻报》，其中主要社论大半出自严复之手，文风尖锐泼辣。《国闻报》与当时梁启超在上海所办的《时务报》南北响应，风行全国，成为宣传变法维新的重要阵地。

图 3-1 《天演论》以雷霆之势强烈冲击了当时的中国社会

严复的思想对当时的中国社会产生了巨大的影响。据胡适回忆，在《天演论》出版后，“数年之间，许多的进化名词出现在当时报纸杂志的文字上，就成了口头禅。无数的人，都采来做自己的和儿辈的名号，由是提醒他们国家与个人在生存竞争中消灭的祸害”。吴玉章回忆说：“《天演论》所宣扬的‘物竞天择’‘优胜劣汰’等思想，深刻地刺激了我们当时不少知识分子，它好似替我们敲起了警钟，使我们惊怵于亡国的危险，不得不奋起图存。”毛泽东也说：“我自己在青年时期，学习的也是这些东西。”因此，《1839—1876年革命中国历史辞典》称严复“将西方思想介绍到中国，深刻地影响了从康有为到毛泽东的改良派和革命者”。严复出色地完成了历史赋予思想启蒙先驱者的使命，被公认为那个时代最有影响力的政治思想家和评论家，与谭嗣同、康有为、章太炎、王国维等人并列为横跨19世纪晚期和20世纪初期的著名人物。

具有巨大影响力的翻译家

严复一生的主要工作是翻译西方哲学名著。作为一位翻译家，严复主要翻译了以下几部资产阶级著作：亚当·斯密《原富》(1902)、斯宾塞《群学肄言》(1903)、约翰·穆勒《群己权界论》(1903)、甄克斯《社会通诠》(1904)、孟德斯鸠《法意》(1904—1909)、约翰·穆勒《名学》(1905)、耶方斯《名学浅说》(1909)。它们与《天演论》一起，是严复最重要的8部译著。这8部西方学术著作，第一次比较系统地把西方资产阶级的政治、经济等各方面的学术思想介绍到中国来，此后西学的传播才开始具有明确的理论形式和思想内容，其提出的“信、达、雅”翻译标准，至今仍被翻译界视为“圭臬”。

需要指出的是，严复的译介如同他的著述一样，是为寻找救国真理这一政治目的服务的。作为翻译家，他主张译作要遵循“信、达、雅”的原则，但为了强调自己的政治主张，对原著又有取舍和再创造，而且对每部译著加了自序和按语，以阐述自己的观点。因此，他的翻译工作实际上是现在所谓的“评介”。

如他在《天演论》一书的大量按语中，从救亡图存的现实需要出发，既介绍了赫胥黎原著的基本原理，又引证了斯宾塞的普遍进化观。对前者，严复着重强调其“保种进化，与天争胜”的自强观点，不赞同他关于社会伦理不同于自然进化、人性本善的观点；对后者，他赞同斯宾塞关于自然进化规律也适用于人类社会的观点，而不同意其“任天而治、弱肉强食”的无所作为思想。这说明严复在引进工作中，注意结合中国实际，而不是照抄照搬，更不同于这时已初露端倪的“全盘西化”的幼稚病。可以说，严复是晚清时期为救亡自强而向西方学习的先进分子的代表。

严复在译介西方原著时所做的中国化的重新诠释，也是非常有趣的。如他把西方传统中像“nature”（自然）这样含义模糊的语词译成中国传统中同样含义模糊的“天”字。对严复的翻译成就，国学大师章太炎予以了很高的评价，认为其“评介西学上是以与中学偶合为真为喜”。

鼓吹“三民”教育的教育家

长期的游学经历和译述生涯，使严复用一种世界化的方式重新反思和认识中西文化。严复认为中学和西学的根本差别在于进化程度的不同，中学“好古而忽今”，西学则“力今以胜古”；西方文化的“命脉”即精神实质是“于学术则黜伪而崇真”，中国传统文化之所以无此“命脉”，就在于“不自由”，即人的主体性地位得不到真正的确立。基于这种认识，1895年，他在《原强》一文中提出了“鼓民力、开民智、新民德”的思想。这一思想的提出标志着中国近代知识分子群体批判意识开始觉醒。

严复长期在教育界任职，先后担任船政学堂教官，北洋水师学堂教习、总教习、总办，复旦公学校长，京师大学堂校长等职。他的“鼓民力、开民智、新民德”的思想应用在教育上，即主张增强人民身体健康，禁鸦片、禁缠足；主张学习西方科学方法，废除科举取士的八股制度，设学堂、讲西学，以研究自然、注重实验为主；主张用西方资产阶级民主、自由、平等的思想观念，代替中国封建的宗法制度和伦理道德，把教育真正普及到大众中间。他的“三民”教育思想在中国教育史上，第一次比较系统地涉及了现代教育的基本内容，即体育、智育、德育，第一次提出了教育对象的心理结构的形成和发展问题，这对中国教育思想的近代化具有开拓性意义。

作为一名启蒙思想家、翻译家、教育家，严复的一生是很奇特的。他在英国学习海军，但他所注意的不是海军，而是政治、哲学。他在戊戌变法时期鼓吹西学，但没有参加变法的政治活动。他事业的中心是翻译那些名著，但他的翻译并不是纯粹的翻译，他通过添加按语发挥自己的见解，更像今天的“译介”。

第二节

中学西传第一人——陈季同

陈季同（1851—1907）

字敬如，号三乘槎客，福州人，1867 年考入船政前学堂制造专业，因成绩优异提前毕业，1877 年作为船政学堂第一届留学生留学巴黎政治学堂。陈季同是清末著名的外交家，也是近代中西文化关系史上具有典范意义的先驱；他既是中学西传第一人，也是西学东渐的杰出使者。

欧洲文化沙龙的宠儿

1878 年 11 月，陈季同作为清廷驻德公使李凤苞的译员赴柏林就任，并兼任驻德使馆武官。1882 年，他又调回中国驻巴黎使馆任译员，后升为参赞。后来由于清朝驻法、德兼意、荷、奥公使许景澄常驻柏林，驻法使馆由陈季同照料一切，其间陈季同被授副将，赏加总兵衔。

陈季同天性活泼开朗、兴趣广泛、待人热情、善于结交，很受欧洲上层社会的欢迎。当时清朝使臣常被邀请出席各种庆典、阅兵、宫廷舞会和音乐会等活动，而出使大臣及参赞大多不通外语，所以每每都要陈季同陪同应酬。不久，陈季同就成为当时欧洲外交界的活跃人物，与俾斯麦、甘必大等德、法政界要人关系密切，并建立了友谊。德意志皇帝弗雷德里希三世对这个年轻的中国外交官颇为青睐，曾经邀请陈季同一同骑马散步。陈季同凭借其广博的知识、东方人的独特看法和流利的法语赢得了弗雷德里希三世的尊重。陈季同经常出没于欧洲上层社会的沙龙，并在各种文化场合做有关中国的讲座，积极参与了当地的文化生活。

1889年2月18日，陈季同应邀在巴黎高等师范学院演讲，时为该学院学生的法国著名作家罗曼·罗兰聆听了这次演讲。罗曼·罗兰在日记中这样描述陈季同："他身着漂亮的紫色长袍，高贵地坐在椅子上。他有一副饱满的面容，年轻而快活，面带微笑，露出漂亮的牙齿。他身体健壮，声音低沉有力又清晰明快。这是一次风趣幽默的精彩演讲，出自一个男人和高贵种族之口，非常法国化，但更有中国味。在微笑和客气的外表下，我感到他内心的轻蔑，他自知高我们一等，把法国公众视作小孩……听众情绪热烈，喝下全部迷魂汤，疯狂鼓掌……"

中西双向文化交流的典范

晚清时，中国饱受外族侵略，中华民族及文化遭到西方社会极度蔑视，作为一个旅居欧洲多年的中国人，陈季同强烈感受着西方人对中国人的误读。对传统文化的热爱和强烈的民族自尊心促使陈季同拿起笔向西方介绍真实的中国，努力地将中国文化传播到西方，抗衡着西学东渐的大潮。正如他在代表作《中国人自画像·序言》所写的："我打算在这本书中实事求是地描述中国——按照自己的亲身经历和了解来记述中国人和风俗习惯，但却以欧洲人的精神和风格来写……并愿意就研究所及，指出西方文明与远东文明之间的异同所在。"

从1884年发表第一篇西文作品开始，到1904年最后一部著作出版的20年间，陈季同用优雅的法文写了大量关于中国的著作，主要有《中国人自画像》(1884年)、《中国人的戏剧》(1886年)、《中国故事》(1889年)、《中国的娱乐》(1890年)、《黄衫客传奇》(1890年)、《巴黎人》(1891年)、《吾国》(1892年)、《英勇的爱》(1904年)等，开创了中国人用外国文字介绍中国的先河。在这些作品中，不论是著还是译，陈季同都始终坚持他的写作宗旨：让西方人更好地认识中国人，更多地了解中国文化及其价值。

图 3-2 陈季同开创了近代中西文化双向交流的先河

陈季同的作品受到英语世界公众热烈而友好的欢迎，产生了广泛而显著的影响，在西方文坛声名鹊起，西方知道了一个中国将军的名字“Tcheng Ki-Tong”。陈季同开启了中国人独立从事此种文化交流活动的先河，被法国政府授予“一级国民教育勋章”，并且成为 1891 年 4 月法国《画刊》杂志的封面人物。据《福建通志 · 列传 · 陈季同传》记载，“西人梯航之来中国者，莫不交口陈季同”。在清末文人中，没有人比陈季同在西方更出名，他是 19 世纪末在欧洲最有影响的中国人之一。陈季同的功绩在于向西方展示了一个和平、宁静、幸福的中国，在一定程度上改变了当时西方人对中国的偏见，是中学西传的第一人。

同时，陈季同也是西学东渐的使者。1897 年秋，他与其弟陈寿彭一起创办维新刊物《求是报》。从创刊号起，他一直担任翻译主笔，译介西学，连载其所翻译的法典，宣传维新思想，颇具影响。通过创办报纸和翻译西方作品，他将西方现代文学、政治、法律观念引入中国，促进了晚清文学观念的更新和西方现代政治思想的传播。

综合这两方面的成绩，陈季同堪称双向的文化使者，他一个人担当了向西方和东方传播文化信息的使命。在数千年中西文化交往中，中国人还是第一次担当这样的角色，承担这样的使命，在这一意义上，正是这位晚清外交官的努力为后来者如辜鸿铭、林语堂等人确立了进行双向文化交流的典范。

独立、爱国的外交官

作为一位外交官，陈季同还参与了晚清一系列重要的政治事件，并在其中发挥了不容忽视的作用。

1884 年中法战争爆发前，为制止法国进行侵略扩张，陈季同根据李鸿章的指示在欧洲开展了一系列外交活动，在 15 天内会见了 14 位法国各界人士，包括总理、外长、海军部官员、前西贡总督、前驻华大使等。通过这些外交活动，他探明了法国对越南问题的强硬态度，搜集到各类情报，表明了中国与越南之宗藩关系，并运用外交手段，在法国总理和外长面前，谈及法国特使脱利古对中国的蛮横态度，从而导致该员的撤回。虽然最后中法战争还是打了起来，但是李鸿章对陈季同的评价，称其“深知大体”。在中法战争期间，陈季同还连作 18 篇《中国和中国人》，刊登在《两个世界》杂志上，促进了法国人对中国的了解和同情，在舆论上帮助了国家的抗战。

中日甲午战争后期，陈季同曾赴台湾任布政使，原本是为李经方向日本交割台湾做准备，但当他亲眼看见台湾人民誓死抗命、义不臣倭的壮举后，便积极投身反对割让台湾的斗争中，并参与组建“台湾民主国”，试图用政治方式获得台湾不被日本侵占的结果。但清政府战败后怕得罪日本，不敢支援台湾人民的抗日斗争。在日军的进攻下，保台计划终告失败，陈季同也流亡法国。

陈季同与李鸿章关系密切，且对其十分感戴，但在割台问题上却不愿按照李鸿章的意图行事，甚至不惜为此触怒李鸿章。其在民族危难之际表现出来的不计个人得失、不畏权贵的气节和独立自由的精神，是一位出色外交官的宝贵特质。

第三节

翻译小说第一人——王寿昌

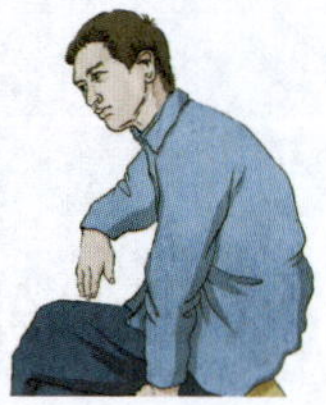

王寿昌（1864—1926）

字子仁，号晓斋，福州市人。1878年，他考入船政学堂学习船舶制造。1885年留学法国巴黎大学，攻读法律，兼修法文六年，是位精通法语的翻译家，为林纾口译中国首部翻译小说《巴黎茶花女遗事》，是中国翻译小说的第一人。

积极维护主权的涉外工作者

1898年，清政府修建京汉铁路，向法国借款，急需精通法文的翻译人才，特选派王寿昌担任京汉铁路总翻译。在工作中，王寿昌发现法国想控制铁路主权，为了维护国家利益，他不遗余力地运用国际法则以减少利权的损失，深得湖广总督张之洞的赞赏，后由张之洞奏请清政府，筹款赎回了京汉铁路。

京汉铁路建成后，为张之洞所器重的王寿昌被调往汉阳兵工厂任厂长，同时兼任湖北交涉使负责对外工作。王寿昌与外国人交往时，言行得体，不失人格、国格，广受称赞。

1912年春，王寿昌回到福建，任福州交涉司司长，负责对外交涉事宜。在涉外工作中，因其精通法文，又通法律，维护国家主权不遗余力，在华的外国使者都十分臣服。

《巴黎茶花女遗事》的口译者

王寿昌爱好文学，擅长中国诗文书画。在法国留学期间，接触并阅读过大量的西方文学作品，回国时除带回一些西方近代哲学、法律、经济、技术等书籍外，还带回很多法国文学名著。王寿昌回国不久，就开始翻译他最喜欢的法国作家小仲马的名著《茶花女》，后因调任天津洋务局和奉天军署，而把这事搁置下来。

1897 年，王寿昌到船政学堂担任法文教习，才有时间重新翻译《茶花女》。同年三月，其同乡好友林纾的夫人刘琼姿病逝。林纾家境贫困，中年丧偶，闷闷不乐。一次到王寿昌在马江的寓所时，见到其一些译稿，颇感新奇。王寿昌将《茶花女》作者小仲马的苦难身世以及《茶花女》的悲惨遭遇介绍给林纾，讲到伤心处，林纾触景生情，禁不住失声痛哭。为了排遣朋友的郁闷，王寿昌邀请林纾共同翻译《茶花女》一书。林纾不懂外文，又无出国留学的经历，王寿昌便在工作之余讲解并口译《茶花女》一书，由林纾笔录并整理成文。在翻译过程中，王寿昌费尽心机，先用家乡话读一段原文，再用古文修饰和讲解，有时亲自动笔修改，直到 1898 年才完成译稿。全书译文约 5 万余字，定名为《巴黎茶花女遗事》。这部以文言文译成的小说在魏瀚的资助下以王寿昌、林纾二人的笔名“晓斋主人”“冷红生”于 1899 年 2 月在福州首版发行了。

王寿昌的古文造诣颇深，他留法多年，不但精通法文，对中法两国的文化、风土人情以及习惯用语都很熟悉，又极富情感，翻译时采用意译，充分挖掘原著的内在精神，保持了原著的重要情节、特点和风韵，加之林纾深厚的古文功底，消除了中西文字表达上的差异。译文传神流畅，生动感人，悬念迭起，使国人没有丝毫的生疏和疑惑，倍受欢迎。小说一经出版，“不胫走万本”“一时洛阳纸贵”，在社会上引起了极大的轰动。许多书局争相出版，随后又有素隐书屋本、玉情瑶怨馆校印本、文明书局本、广智书局本、新民社袖珍本、商务印书馆本等二三十种之多。一些报刊也纷纷连载，当时出版的《国民日报》《云南》《春江花月报》均有刊载，很多名人也赋诗作文大加赞赏，留下了很多有关《茶花女》的读后感。严复的“可怜一卷《茶花女》，断尽支那荡子肠”诗句，亦充分说明了此书当时的魅力。

图 3-3　王寿昌口译、林纾笔录《巴黎茶花女遗事》

《巴黎茶花女遗事》一书的出版，开了我国翻译小说的先河，带动了翻译小说的发展，同时也唤起了青年争取自由恋爱的意识，这在当时的封建社会还是有相当大的进步意义的。《巴黎茶花女遗事》的翻译出版，被一些学者誉为“中国近代文学翻译史上具有划时代意义的里程碑式的作品”，王寿昌可谓中国近代翻译小说第一人，林纾也自此开启译界之王之路。

笔耕不辍的法语翻译者

王寿昌除了翻译了法国小仲马名著《茶花女》外，1907 年在铁路学堂任校长时还翻译了法国博乐克经济学著作《计学浅训》，这在我国也是首创。《计学浅训》全书共 34 论，文言文体，用问答方式讲述，深入浅出，每篇皆有举例和比喻，并将地名、事物、度量衡等译成当时中国通用的名称。1908 年由商务印书馆出版发行，成为当时学生的必读本，很是流行，短短几年连续出版 3 次。

王寿昌晚年还翻译过法国作家乔治·桑著名的小说《安蒂亚娜》，可惜后因病重未能译完。

第四节

近代职业外交家——罗丰禄

罗丰禄（1850—1903）

字稷臣，1850 年生于福建闽县（今福州市），是近代中国最早的职业外交家，出任驻英、意、比公使后，参与了清政府向英借款、租借威海卫、缉捕康有为、“高升”号索赔等一系列重要的对外交涉活动。在八国联军侵华期间，又成为李鸿章与世界各国联系的重要渠道，是晚清公认的“外交干才”。

材出闽堂的青年才俊

1867 年，罗丰禄考入船政学堂后学堂，学习驾驶专业。他勤奋聪颖，每考必冠，1874 年 3 月以大考第一名的成绩毕业于后学堂第一届驾驶班，受到船政大臣沈葆桢的赏识和提拔，破格升任教习。1877 年 3 月，清廷选派第一届赴欧留学生，罗丰禄以候选主事、翻译身份获选，可见他在当时已是同辈中的佼佼者。

1877 年 5 月 11 日，罗丰禄抵达英国。经驻英公使郭嵩焘安排，入英国伦敦琴士官学（King’s College，皇家理论学院），受教于化学家、《化学鉴原续编》与《化学鉴原补编》的原作者 C.L.Bloxam，学习气学、化学、格致，寻求“以格致哲学为体，政治交涉为用”。在学期间兼任英、德使馆翻译，边学习边从事外交翻译工作，协助郭嵩焘办理洋务。在郭嵩焘离任后他又担任李凤苞的随员，继续兼管肄业局事宜。

北洋水师的灵魂人物

1880年，罗丰禄学习期满回国，成为北洋大臣李鸿章的外交顾问兼翻译。罗丰禄相貌伟岸，会五国语言，言辞应对之流利，连洋人也自愧不如。李鸿章对其评价甚高，认为“罗丰禄学有根柢，当差甚勤”。

1880年4月，罗丰禄任天津大沽船坞总办，在大沽海神庙选购民地建造船坞，并回福州及上海等地招募工匠等200余人，使大沽船坞“遂成规模”，建成北洋海军修造舰船基地雏形。1881年6月，经李鸿章奏调，罗丰禄开始在北洋水师营务处工作，并兼办洋务。1883年5月，罗丰禄调升水师营务处道员。1885年的春天和秋天，罗丰禄两次邀请英俄两国水师官兵参与天津水师学堂第一届驾驶班毕业会考。1885年，罗丰禄升任天津水师学堂会办。1888年5月，罗丰禄奉命协同北洋水师提督丁汝昌及林泰曾、刘步蟾等起草《北洋海军章程》，为中国近代海军法制化、正规化建设奠定了基础。

罗丰禄由于才能出众，事业有成，兼精通外语，熟知欧洲的风俗礼仪，深受李鸿章的赏识和器重，是李鸿章的机要秘书、翻译和内勤总管，追随李鸿章参与了一系列的对外交涉活动。1896年，李鸿章访问欧洲时那机智的谈吐和得体的措辞受到公众的赞扬，这多半要归功于罗丰禄，是他把李鸿章在各种欢迎会、招待会上的致词译成英语的。罗丰禄把李鸿章在维多利亚女王留言簿上写的一首中国古典诗用莎士比亚风格译成英文，获得英国女王的赏识，女王陛下亲自赐赠“罗稷臣丰禄爵士”的爵位。

北洋水师是李鸿章多年苦心经营的嫡系部队，罗丰禄长期在北洋水师担任要职，为北洋水师的发展做出了巨大的贡献，加上其深受李鸿章信任，能够为北洋水师的进退出谋划策，在北洋水师的战略层面，是仅次于李鸿章的灵魂人物。也正因为如此，在北洋水师惨败之后，有人把北洋水师避战的责任归之于罗丰禄。

中国最早的职业外交官

甲午中日战争失败后，清政府被迫签订割地赔款、丧权辱国的中日《马关条约》，民族灾难日益深重。清政府为寻求弱国外交，谋求以夷制夷，开始重视外交人才的选拔任用。1896 年，罗丰禄奉命以二品顶戴出任驻英、意、比三国钦差大臣（公使），是我国近代第一位从译员、外交随员跻身使节之列的外交官员，他也因此成为我国最早的职业外交官。

上任后的罗丰禄积极寻求改变中国外交形象，并极力谋求西方民主人士的舆论支持。罗丰禄与美国著名作家马克・吐温成为挚友，得到了马克・吐温对中国道义上的支持。1897 年，马克・吐温在《赤道环游记》一书中，强烈谴责美国对中国、古巴等国的野蛮侵略。他还在杂文《托钵僧和傲慢无礼的陌生人》中尖锐抨击美国干涉中国事务。在杂文《给坐在黑暗中的人》里，愤怒批判美国掠夺中国的罪行。

罗丰禄迥然不同于前任的外交手段，在西方侵略者中引起了恐慌。1897 年，在中国长期担任海关总税务司的赫德多次写信提醒中国海关驻伦敦办事处主任金登干："对于罗丰禄，你要警惕。我怕他或是设法没收你办事处的房子，或是建议把伦敦办事处并入公使馆。因此，不要特地去请他到老皇后街 26 号去，也不要让他随便进出……他博学、多才、勤勉、能干，的确是个优秀的人才，但同时又自负而贪婪，在一切特征和品质上都是纯粹的'中国人'。所以，正像我在电报上说的那样，要当心！他会设法吞并、控制或撤销伦敦办事处的。因此，无论他在言词和举止上可能把自己表现得多么友好，你永远不要忘记他是在干对他自己有利的事。只要他得了手，他才不会管谁倒了霉。由于他英语很好，了解外国人以及他们的工作方法，他将完全不同于他所有的前任。他在此间不是一个有权力的人。但是，他在伦敦将成为一个我怕是具有破坏性而非建设性的权力人物！"

“弱国外交”下的罗式抗争

弱国外交，处处受制于他人，但罗丰禄却尽可能地利用国际法等条约维护国家的利益和尊严，这在著名的“高升”号索赔事件上表现得淋漓尽致。

1894年7月，满载中国士兵的英国商船“高升”号被日本军舰击沉。1894年11月，英国做出最后裁定后，到1895年的2月5日，英国外交部正式通知“高升”号的船东印度支那航运公司：赔偿责任应改由中国政府承担。

深谙洋务的罗丰禄在“高升”号事件处理中一出手就给英国一记猛拳：根据国际海事法律，索赔要求必须在损坏事实发生后的5天内提出，而印度支那航运公司在事件发生后近两年才主张权利，早已过了主张期限。

根据英国的史料记载，当时英国首相兼外交大臣沙利斯伯利的高级助手桑德森就为此沮丧不已，因为这正是英国的索赔要求在法律要件上的软肋。

1898年8月22日，首先，罗丰禄向沙利斯伯利提交了一份照会，驳斥了英国学者以及司法部的全部观点。他指出：“高升”号上的中国军队，是应朝鲜国王的邀请协助平叛的，并不是针对日本的。其次，在海上航行多日的“高升”号，不可能得知在它遭遇日舰之前的数小时，中日军舰之间发生了冲突。既然“高升”号从未收到任何交战方的正式宣战通知，强加在“高升”号头上的所谓中立的义务就不存在。他指出，日本军舰唯一能做的合法行为，就是让“高升”号返回出发港口——实际上，从各方当事人的证词看，当时“高升”号船长也是如此与日本军舰交涉的，但被日军拒绝。

罗丰禄指出，日本和英国的说法中，“高升”号的唯一“罪名”就是它反抗了日军的强制行为，但在未得到“任何交战方通知”的情况下，“高升”号当然可以反抗，而英国政府却说日本人因此有权将其击沉，这是十分荒谬的。罗丰禄对日本行为的合法性以及英国向中国索赔的合法性，都予以了坚决的否认。

1899年4月，罗丰禄和英国外交部继续舌战，但英国拒绝接受中国的观点。罗丰禄则继续指责英国立场充满矛盾：如果当时中日已经处于战争状态，则“高升”号的确可以被日军作为战利品。但正如英国学者胡兰德分析的，如此一来，“高升”号的船东无权为其因参战而损失的船只索赔；如果当时中日还未处于战争状态，则日本必须为其非法搜查和破坏“高升”号承担全责。英国政府在此事件上出现明显矛盾，就只有一个解释：为了政治和外交利益，英国选择了偏袒日本。

图 3-4 “高升”号事件，罗丰禄利用国际法维护国家利益

在罗丰禄的努力和抗争下，“高升”号索赔事件历时十年，由最初的政治事件变成了民事案件，由最初的轰轰烈烈到最后的悄然收场。罗丰禄以其学识与胆略，维护了我国的主权与尊严，他的外交才干深为世人所赞赏。

第四章　科技发轫

船政学堂创办的初衷是“师夷长技以制夷”，从科技层面回应西方海上文明。在近半个世纪的时间里，船政轰轰烈烈地开展了建船厂、造兵舰、制飞机、办学堂、引人才、派学童出洋留学等一系列“富国富民”活动，培养和造就了一批优秀的中国近代工业技术人才。他们紧跟当时世界先进国家的步伐，推动了中国造船、电灯、电信、铁路交通、飞机制造等近代工业的诞生与发展，加速了中国近代化的进程。

第一节

中国铁路之父——詹天佑

詹天佑（1861—1919）

字眷诚，广东南海人，原籍安徽婺源（今江西婺源），是中国首位铁路工程师，负责修建了京张铁路等工程，有“中国铁路之父”之称。

初出茅庐

詹天佑出生于一个普通的茶商家庭。在私塾念书期间，他对西方的机械很感兴趣，常把家里的自鸣钟拆开又装上，琢磨它内部运作的奥秘，小齿轮、发条等零件，也成了他喜爱的玩具。有时他甚至用泥土仿做各种机器模型。

1872 年，年仅 12 岁的詹天佑到香港报考清政府筹办的“幼童出洋预习班”。7 月 8 日，12 岁的詹天佑和第一批幼童共 30 人，乘船来到美国康涅狄格州学习，先后入读威士海汶海滨小学、纽海汶丘屋高级中学。1878 年 5 月，詹天佑以全校第一名的成绩考入美国著名学府——耶鲁大学攻读铁路工程专业。詹天佑学习刻苦，成绩优秀，曾两次荣获耶鲁大学数学第一名奖金。在对美国某港口进行了考察和研究之后，詹天佑在 1881 年撰写了题为《码头起重机研究》的毕业论文，并获得耶鲁大学学士学位。

正当詹天佑考虑继续深造的时候，突然发生的两件事改变了他的人生轨迹。其一，国内因循守旧的封建官僚强烈反对留美幼童继续在美国学习。其二，由于美国国会通过了《排华法》，其中包括10年内禁限华人入境、不允许中国人进入美国的军事院校学习等在内的许多条款。为了表示抗议，清政府下令将詹天佑等在美国的官费留学生全部召回国内。他们归国时，在120名归国的留美幼童中，只有两名学生获得了学士学位，一名是欧阳康，另一名就是詹天佑。

改行从军

1881年回国后，詹天佑怀着满腔热情一心要把所学到的本领全部奉献给祖国的铁路建设事业。然而，詹天佑的心愿未能实现，他被分配到船政学堂学习海军舰船驾驶。詹天佑的人生轨迹再次发生了改变。

1882年11月，詹天佑被派往旗舰“扬武”号担任驾驶官，指挥操练。1883年，中法战争爆发。1884年7月，蓄谋已久的法国舰队以游历为名陆续进入闽江，蠢蠢欲动。可是主管福建水师的投降派船政大臣何如璋却不闻不问，甚至下令：“不准先行开炮，违者虽胜亦斩！”这时，詹天佑便私下对“扬武”号管带张成说：“法国兵船来了很多，居心叵测。虽然我们接到命令，不准先行开炮，但我们决不能不预先防备。”由于詹天佑的告诫，“扬武”号十分警惕，做好了战斗准备。当法国舰队发起突然袭击时，詹天佑冒着猛烈的炮火，沉着机智地指挥“扬武”号左来右往；避开敌方炮火，抓住战机用尾炮击中法国指挥舰“伏尔他”号，使法国海军远征司令孤拔险些丧命。对这场海战，上海英商创办的《字林西报》在报道中也不得不惊异地赞叹：“西方人士料不到中国人会这样勇敢力战。‘扬武’号兵舰上的五个学生，以詹天佑的表现最为勇敢。他临大敌而毫无惧色，并且在生死存亡的紧要关头还能镇定如常，鼓足勇气，在水中救起多人……”

铁路之父

从战后到 1888 年，詹天佑几经周折终于转入了中国铁路公司担任工程师，这正是他献身中国铁路事业的开始。

1892 年，在京沈铁路架设滦河铁桥时，英国工程师金达先后聘请英国、日本、法国的工程师前来勘探、指挥，但无一例外都失败了。工程期限迫在眉睫，金达迫不得已找詹天佑商议，请他负责这个项目。詹天佑认真研究外国专家失败的教训，重新勘察河床地质情况，发现原来的勘察有误，决定改选桥址。由于水流湍急，他请来滦河两岸习水性的青壮年农民数十人，轮番潜入急流中打桩，配以空气压缩沉箱法，成功解决了难题。铁桥很快就架成了。至此，詹天佑建成了第一座由中国人自己主持修建的近代铁路桥梁，并且创造了气压沉箱法。1894 年，英国工程研究会吸纳詹天佑为会员。

1905 年 4 月，清政府向中外宣布，正式成立京张铁路总局，任命詹天佑担任总工程师兼总办，一切建造及管理完全由中国人掌握。詹天佑鼓励工作人员说："京张铁路是我们用自己的人、自己的钱修建的第一条铁路，全世界的眼睛都在望着我们，必须成功！""无论成功或失败，绝不是我们自己的成功和失败，而是我们国家的成功和失败！"同年 9 月 4 日，京张铁路在举世瞩目下正式动工。詹天佑亲自带着工程人员翻山越岭进行勘察，选了 3 条线路加以比较，最后确定路起丰台，经居庸关、八达岭至张家口。难度最大的是要开凿八达岭隧道。如果用人工从两头开凿，日进度合计只有 1 米，进度非常慢。詹天佑大胆变通，首创中部凿井法，将八达岭隧道分解成 6 个作业面，各个作业面的中部都开凿竖井，作为施工的出入口，然后 6 个作业面同时掘进。他的"中部凿井法"成功后，英国人金达不得不佩服地说："你已经很经济地完成了十分完善的工作。"从青龙桥到八达岭山陡坡高，如果采用英美测定的原路线，沿途至少要开凿 2 000 多米的隧道，成本高，费时长。詹天佑利用折返线的办法，设计了著名的"人"字形线路，沿着山腰劈石填壑，垒筑人字形路基，顺着山势迂回升高，大大减少了沿途的坡度；并用两辆重型机车前拉后推，将列车车厢传统的“链条连接法”改为“自动挂钩法”。每到“人”字形路段交汇点，不用调拨，就可以使两台机车自然互换前后位，牵引火车顺利爬上八达岭。

图 4-1　詹天佑修建的京张铁路是当时的撼世之作

1909 年 8 月 11 日，京张铁路全线竣工，原计划 6 年建成，结果只用了 4 年，工程费用只及外国人估价的五分之一。同年 10 月 2 日，清政府在南口车站举行了隆重的通车典礼，中外来宾对詹天佑所创造的筑路奇迹表示非常敬佩。京张铁路是完全由中国人独立自主修建的铁路，从此打破了外国人垄断修建中国铁路的局面。在选线、设计方面，詹天佑着眼于顺从自然、工机配合的先进选线设计原则，一方面顺从展线定坡，另一方面借重机车以补不足，使京张铁路成为当时情况下经济合理的铁路线。京张铁路在当时不仅被欧美工程师视为一大奇迹，而且被国人看作振奋人心的撼世之作，李四光说：“为当时深受侮辱的中国人民争了一口大气，表现了我国人民伟大的精神和智慧，昭示着我国人民伟大的将来。”

詹天佑从事铁路事业三十多年，几乎和当时我国的每一条铁路都有不同程度的关系，并著有《京张铁路工程纪略》《京张铁路标准图》《华英工学字汇》等，为中国的铁路事业建立了卓越的功勋。周恩来同志曾高度评价詹天佑的功绩，说他是"中国人的光荣"。

1919 年 4 月 20 日，詹天佑不幸病逝，终年 59 岁。3 年后，中华工程师学会在京张铁路青龙桥车站设置詹天佑铜像，以志纪念。

第二节

中国航空工业的拓荒者——王助

王助（1893—1965）

字禹明，河北南宫人，美国麻省理工学院航空工程硕士，曾任美国波音飞机公司的第一任总工程师，亲自设计并监制出波音公司的第一架飞机——“B & W－C”型水上飞机，被誉为“波音之父”。王助参与创建了我国第一个正规飞机制造厂——马尾海军飞机工程处，倡议与筹建中美合作的中央杭州飞机制造厂，组建了中国航空研究院，亲自参与研制成多种竹木复合结构的飞机部件，是我国近代航空工业的拓荒者。

结缘航空

1909年，清朝大臣出洋考察，王助、巴玉藻、王孝丰等9人在清政府筹办海军大臣载洵、萨镇冰的带领下前往英国，就读于阿姆斯特朗海军大学，开始接触当时还附属于海军的飞机制造领域。1912年暑假，王助与巴玉藻一起凑了2英镑到温德梅尔湖区跟着飞行家波特飞行了一次，从此便与航空结下了不解之缘。

由于第一次世界大战的战火蔓延至英国，王助和巴玉藻等4人在毕业后奉命转赴美国深造。1915年9月，他们进入麻省理工学院学习航空工程。在课程十分繁重的情况下，王助与巴玉藻仍主动去寇蒂斯、通用等飞机工厂实习，从飞机设计到钳工、锻工，无不刻苦锻炼，常常在车间弄得一身油垢。他们在学业上也非常刻苦，成绩优异。1916 年 6 月，作为麻省理工学院航空工程第二期毕业生，王助、巴玉藻、王孝丰 3 人获得航空工程硕士学位。这是中国人第一次获得航空工程硕士学位，而那一期航空工程专业的全部毕业生不过十余人。

王助等人毕业后，正赶上袁世凯称帝风波，他们的公费留学款项全无着落，无法立即回国。正是在这样的窘境中，王助得到了进入波音的机会，为中国人在世界飞机制造史上留下绚丽的一笔。

波音之父

美国波音公司的创办人威廉·波音原本是西雅图市的一个木材商。1914 年，威廉去观看一场飞行表演，十分幸运地乘坐了一次飞机。翱翔在蓝天上的难忘体验，使他对航空工业产生了无法抑制的热情，他甚至专程去洛杉矶的一所飞行学校学习。

1916 年 7 月，威廉·波音与一个热衷于航空事业的军官威斯特夫成立了太平洋航空器材公司。1917 年，威斯特夫跟随美国海军参战，不得不选择离开。威廉·波音于是将公司更名为波音。

威斯特夫与王助是麻省理工学院的同班同学，由于他的离开，威廉·波音急需寻找一名航空技术方面的人才，来填补威斯特夫的位置。于是，王助被推荐进入了当时规模并不大的波音公司。在这里，威廉·波音展示了一位伟大老板的眼光，年轻的王助刚刚到来，他就看准了这位人才，不久他便聘用王助为波音公司第一任工程师。

王助为波音公司设计出一架双浮筒双翼的“B & W - C”型水上飞机，并成功地通过了美国军方的测试。该机作为波音公司成功制造的第一架飞机和开辟美国第一条航空邮政试验航线的飞机而载入史册。美国海军部认为这种飞机兼具巡逻艇和教练机的双重功能，一次就订购了 50 架，这份订单为波音公司带来了 57 万美元的收入，是波音发展史上最需要的第一桶金。凭借着王助的出色才能，新成立的波音公司从此站稳了脚跟，并逐步发展成世界上最大的飞机制造公司。

1917 年 4 月至 1917 年底，是王助一生中最辉煌的时候。在这不到一年的时间里，作为波音第一任总工程师的王助，如同彗星般在美国的航空史上发光、发亮，更为全世界的飞机工业开拓了商业与军事领域的发展空间。

2006 年 1 月 15 日，时任中共中央总书记、国家主席、中央军委主席的胡锦涛在福建省委书记卢展工的陪同下，到马尾船政文化博物馆视察。当听到 1916 年王助为美国波音飞机厂设计制造成功第一架水上飞机时，胡锦涛高兴地说："王助是波音飞机的首任工程师，不简单，没想到一个中国人在美国做出了这么大的成就。"

中国航空工业的拓荒者

虽然王助在美国航空界取得了巨大的成就，但作为一名弱国子民，仍然受到了严重的种族歧视。尽管"B＆W－C"水上飞机的设计、制造都出自王助之手，但在进行飞行测试时，美国方面却不允许王助进入测试场地，担心他会偷学"美国最高航空技术"。这种明显针对中国人的歧视，使王助极为愤怒，也让他更加认清了祖国强大的意义。不愿在美国忍受屈辱的王助毫不犹豫地选择回国发展中国自己的航空事业。

1917 年 11 月，王助等 4 人回国。当时中国的航空工业一片空白，北洋政府也没有制造飞机的构想。王助等人回国后，强烈要求北洋政府筹款创办飞机制造厂。在民间有识之士的推动下，1918 年 2 月，海军部批准在福建马尾海军船政局内，创办了我国首家正规的飞机制造厂——海军飞机工程处，后改称为海军制造飞机处，王助被任命为副处长。

由于当局者对制造飞机认识不足、重视不够，制造飞机的计划和经费极难批准。在这种条件下，王助等人利用原有造船的机器设备，集中优秀技工，进行专业培训；筛选国产材料，测试物理性能；吸收欧美技术，改革创新；殚精竭虑，闯过道道难关。1919 年 8 月，王助与其好友巴玉藻为海军设计制造成功第一架水上飞机——"甲型 1 号"初级教练机。1922 年 8 月，王助又与巴玉藻合作，在上海江南造船所设计制造了世界上第一个水上飞机浮动机库——浮坞，成功地解决了水上飞行停置和维修的难题。

从 1918 年至 1929 年的 11 年中，王助同巴玉藻、王孝丰、曾贻经等 4 人先后设计制造了甲、乙、丙、丁、戊、己等 6 个型号的水上飞机共 12 架。飞机制造厂有 3 个车间，员工 200 余人，培养出我国第一代航空工程技术人才，马尾也成为中国初期航空工业的摇篮。

由于飞机工程处重视质量和人才培训，飞机的制造水平不断提高，性能并不低于同时代欧美各国的产品。1928 年 7 月制成的“海鹰”和“海雕”号水上鱼雷轰炸机，总重 2 500 千克，最大时速 180 千米，最大飞行高度 3 800 米，爬升率为 161 米／分，装有机枪、机炮，携带炸弹 8 枚后还能带鱼雷。1930 年制成的“江鸿”号飞机，曾由福建马尾飞至武汉汉口，经受了长途飞行的考验，显示了我国当时较高的飞机制造水平。正如巴玉藻在演讲中所说：“我们飞机的各部分在这 10 年中经过不少次的改良，我们从不肯使我们的出品在制造上落在西洋出品之后，这一层我自信勉强地做到了。我这二十几天所看到的各国的木质飞机，实在没有比我们强的地方……所以我敢说在质的方面是成功的。”

1929 年 9 月，王助继任海军制造飞机处处长。1930 年又先后研制出“江鸿”“江雁”号高级教练机。继任两年，王助在提高飞机性能上颇有建树。

1933 年 8 月，航空署隶属军事委员会（1934 年 5 月改组为航委会），议定筹设杭州飞机制造厂，王助倡议与外国厂商合作建厂，以吸收外国先进技术和管理经验。1934 年 6 月底，中杭厂建成投产，王助被任命为第一任监理，是中方的最高负责人。他在任 3 年期间，中杭厂修理、组装和制造飞机 235 架，其中包括“道格拉斯”教练机、“霍克－Ⅱ”和“霍克－Ⅲ”战斗机、“弗利特”教练机、“雪力克”截击机和“诺斯罗普”轻轰炸机等。中杭厂是旧中国历史上最著名和修造飞机最多的飞机制造厂。中杭厂出厂的飞机，在抗日战争中发挥了很好的作用，深受空军的赞许和信赖。中杭厂还为我国早期航空工业培养出一批素质较好、技术过硬的技术人员和技术工人。中杭厂的成就是与王助的监督和指导分不开的。

抗日战争爆发后，国民政府航空委员会决定在成都建立中国航空研究所，王助任副所长。1941 年 8 月，研究所扩充为航空研究院，王助任副院长。王助除主管院务和研究工作外，还亲自参加飞机设计工作，他每天都要到各设计组去查看和指导，自己的办公室内就有一张很长的绘图桌，桌上放着一张比例为 1∶5 的飞机总体布置图，他亲自进行总体布置和设备协调工作。在选材上也尽量立足国内，利用本院的研究成果，以国产木材代替进口钢材，用国产生漆做防腐涂料，层竹的制作是先把竹片劈得很薄，编成竹席，然后把几层竹席按不同方向胶在一起，制成薄竹板。层竹用来制造油箱、机翼和机身的蒙皮，代替铝合金蒙皮等。航空研究院在王助的领导和直接参与下，利用国产材料研制出大批急需的航空器材和备件，还研制出多架独特的飞机。其中研运－1号滑翔运输机可载运30名伞兵，该机除起落架、仪表及操纵系统外，全部采用竹木复合结构，这在世界上是没有先例的，在中国航空史上乃至世界航空史上都是一种大胆的尝试和创举。王助对航空技术的贡献是多方面的：今日所见飞机的后小轮是当时王助建议装置的，这是一项重大改进，所以国外称此小轮为“王助轮”。

王助一生，任劳敬业，成果卓著，为创建和发展我国的航空事业奉献了毕生精力，是我国航空工业的拓荒者、先行者和奠基人。

让波音公司铭记的中国人

王助在波音公司的时间虽短，但作为波音公司历史上的第一位设计师，为波音造出了第一架飞机，对波音公司的发展居功至伟。为纪念王助对波音公司的贡献，波音公司每年都在台湾成功大学举办一次航空讲座。

2005年8月，西雅图飞行博物馆在“红色谷仓”（波音早期的办公室，现为西雅图飞行博物馆的一部分）举行了盛大的王助个人主题展览的揭幕仪式，出席仪式的是航空业界的领袖人物，包括波音的中国总裁王建民。BAAPA（Boeing Asia American Professional Association）还向西雅图飞行博物馆赠送了一面刻有王助肖像的铜匾。波音公司希望以此来纪念这位不朽的航空工业先驱，这位永载波音公司和中国航空工业史册的中国人。

图 4-2 西雅图飞行博物馆举办王助个人主题展览

今天，位于西雅图的波音博物馆里陈列着有关王助的资料、照片甚至还有王助的第一张工资单。这些发黄的历史片段记录了世界航空工业的萌芽时期，一个站在国际飞机设计制造行业最前沿的中国人的传奇——先行者的艰辛与蹒跚，探索者的欣喜和冲动。2006 年 4 月，胡锦涛访问波音公司时，波音公司总裁亲自介绍了王助对波音的贡献，在场华人无不为之自豪。

因为王助，在世界航空发展史上，中国没有缺席。

第三节

现代天文学的奠基人——高鲁

高鲁（1877—1947）

字曙青，号叔钦，福建长乐市人。1898 年考入船政学堂，为船政后学堂驾驶专业第 16 届毕业生。1905 年被派赴比利时布鲁塞尔大学攻读工科，获博士学位，曾任中央观象台首任台长、中国天文学会首任会长，是中国现代天文学的奠基人。

气象事业的开拓者

1905 年春，高鲁从船政学堂毕业，后被派赴比利时留学，入布鲁塞尔大学攻读工科。他一直热爱天文学，特别是受法国著名天文学家弗拉马利翁的天文著作影响，他以自己深厚的数理基础投入到天文学研究领域。

1912 年，民国政府迁都北京，教育部接管了当时清政府的钦天监（即现在的北京古观象台），钦天监改名为中央观象台，高鲁被教育总长蔡元培任命为中央观象台台长。从此，高鲁就投身到创建我国现代天文事业之中。

到 20 世纪初，国际天文学已有很大发展，仅就天体测量学来说，观测的设备和精度都已相当高了，而钦天监还靠古代的仪器观测，早已大大落后于时代。高鲁任台长后，对工作项目、设备和人员进行了全面改革。首先，建立历数、天文、气象和地磁四个研究方向，使中央观象台成为名副其实的观象机构，这不仅改革了天文观测，还开了我国气象学和地球物理学观测研究的先河。在专业人才方面，他聘请精通数学并熟悉历算的常福元主管编历，又聘请从比利时留学回国的蒋炳然主持气象工作，创办气象训练班，培养气象观测人员，同时购置了多功能经纬仪并与常福元到野外测定北京的地理经纬度。1927 年 11 月，中央研究院筹备委员会通过将中国第一座天文台选址在紫金山的提议。高鲁亲自三次登上第一峰，视察地形，聘请李宗侃工程师设计天文台建筑图，全力以赴筹建紫金山天文台。

图 4-3 高鲁三次登上紫金山北高峰为天文台选址

为了推进中国现代天文学的建设，他广积贤才，多方宣传，唤起政府重视；积极组建中国天文学会，于 1922 年 10 月 30 日，在北京中央观象台举行成立大会。为了扩大天文学的影响，他邀请了许多著名科学家和社会名人，马叙伦、蔡元培和陈嘉庚等都到会祝贺。这不仅是现代中国天文学史的一个里程碑，也是现代中国科技史的一个新起点。当时，我国还没有全国性的数学、物理、化学和生物学学会。因此，当时一些非天文专业的科学家也参加了中国天文学会。中国天文学会的诞生为我国天文界 1935 年参加国际天文学联合会奠定了基础。

高鲁还积极推行我国历法改革。历法是国家统一颁行的重要法令，我国传统的历法是阴历（即农历），国际上广泛采用阳历（公历）。高鲁早在比利时留学期间就曾专心研究过中西历法，他独自主编出以我国二十四节气中的立春为岁首的历，取名“长春历”。1912 年新年晚 10 时，中华民国临时大总统就职仪式在南京举行，孙中山当场发布《改用阳历令》，以当日作为中华民国元年元月元日，高鲁积极协助孙中山改历。高鲁和他最得力的合作者常福元在新历书中依照公历，按月编排，每日下面载昼夜长短，注明二十四节气和纪念日等，去除了以前迷信的内容，加入了天文知识普及，这是一大创新。中央观象台在高鲁的领导下，每年编制一本历书，颁行全国。他还以中央观象台台长的名义告知全国：中央观象台愿帮助每个人将生日的日期从农历换算成公历，无条件为国民服务，受到一些人的欢迎。1924 年是农历甲子年，这一年正逢高鲁母亲 70 寿辰，高鲁请求母亲将生日换算成公历日期过大寿，老太太欣然同意，并捐款作为天文学基金，以示对儿子推行公历的支持。

高鲁热爱天文学，十分重视天文知识的启蒙工作，笔下很勤。他的著作以天文学通论为主，偏重于中国古代天文学史的开掘。据不完全统计，他在天文学方面著有《图解天文学》《日晷通论》《中央观象台之过去与未来》《星象统笺》及其他零散论文和诗文集若干卷。从 1913 年起中央观象台刊行《气象月刊》，并于 1915 年把《气象月刊》扩充为《观象丛报》。高鲁积极为刊物撰稿，其中“晚窗随笔”系高鲁集中西观象学术之大成，对当时普及天文知识起到了启蒙和推动的作用。

高鲁还是第一位把天象仪介绍到我国的学者，并推动在我国创建天文馆，为提高教育质量服务。他在 1932 年中国天文学会第九次年会作的学术报告是《假天——假天就是一架天象仪》。1949 年，天文学家李元先生在一篇追念高鲁的文章中曾建议，我国第一座假天馆（即天文馆）应命名为“高鲁假天馆”，以纪念我国近代天文界中这位不朽的伟大人物。

坚定的爱国主义者

高鲁是一位坚定的爱国主义者。早年追随孙中山先生，参加了孙中山先生在法国巴黎组织的同盟会，并积极从事爱国活动。1911 年回国后，凭借着满腔爱国热情和强烈的责任感努力开创我国的现代天文事业。

20 世纪初，偌大的国土上没有中国人自己建起的现代天文台，气象事业一片萧条，外国人越俎代庖：1872 年，法国人在上海建起徐家汇观象台，1900 年又在上海佘山建起天文台；1898 年，德国侵略者在青岛建起观象台。这些天文台都在外国人手中。这些现实激起高鲁的爱国热情，他决心创建中国人自己的现代天文台。1913 年 10 月，日本在东京召开亚洲各国观象台台长会议，身为中国中央观象台台长的高鲁竟未被邀请，反倒是上海徐家汇观象台的台长劳积勋神父被邀请代表中国出席会议。高鲁深感这是中国人的耻辱。1915 年，他提出要在北京创建大型天文台的计划，并将设计图样、文字说明和预算送交当局审批。然而，当时的中国内忧外患，谁会在意这种计划？就是在这种毫无依靠的情况下，高鲁仍做着建台的准备。高鲁曾多次与常福元和蒋炳然到北京西郊山区进行台址勘测。蒋炳然在回忆文章中说："与高鲁先生同往选测建台地址，寒天冷夜，同宿于三家店旅舍。"

虽然在北京建天文台的计划未成，但是高鲁创建天文台的决心并未泯灭。1927 年，北伐战争胜利后，国民政府设大学院，蔡元培任院长，高鲁任秘书。他开始积极筹划在南京建大型天文台。经过多方调查，他决定在紫金山第一峰——北高峰上建台。1928 年 4 月，中央研究院成立，蔡元培任院长，高鲁被任命为天文研究所首任所长。他请南京市工务局李宗侃工程师设计天文台建筑图。1928 年 8 月，高鲁和他的助手陈遵妫、陈展云到紫金山第一峰测定经纬度，结果为"东经 118 度 49 分，北纬 32 度 02 分"。

就在高鲁全力以赴筹建天文台之际，当时的国民政府下达通知，任命高鲁为中国驻法国公使。高鲁婉拒不成，只得从命。他曾惋惜地说："我是多么希望终身为祖国天文界效劳，把我国古代天文学在国际上的荣誉发扬光大。"为了使建台工作继续进行并最终落成，选定接替人就成了至关重要的问题。他向蔡元培推荐对恒星光谱颇有研究的厦门大学数理系主任余青松教授。1929 年 2 月，中央研究院特发公函聘请余青松任天文研究所第二任所长。正是余青松完成了创建紫金山天文台的最终使命（天文台于 1934 年 9 月落成）。

高鲁一生爱国，1943 年元旦，在福州各界人士纪念上海"一·二八"事变 11 周年大会上，高鲁还发表了"誓与日寇血战到底"的演说。

廉洁的学者官员

高鲁除呕心沥血创办我国现代天文事业外，还先后担任高级官职30余年。他身居高位，洁身自好，奉公守法，在他的工作案几上有一块自刻“清白”二字的方形石章，作为自己人生的座右铭。1932年6月，高鲁被国民政府任命为监察院监委。他身在官场，两袖清风，与贪污腐败的官员形成鲜明对照。

1944年9月，福州沦陷，高鲁抱病撤退。在撤退过程中，他亲眼看见了一些政府官员在逃跑中仍不忘欺压百姓，这让他十分愤慨。就在国难当头之际，他致电重庆方面要求弹劾国民党第三战区长官顾祝同。奈何顾祝同是蒋介石的心腹，不久高鲁反遭免职降级处分。高鲁一生廉洁，后来靠典当家中房屋和衣物度日。1947年6月26日，高鲁在福州病逝，享年70岁。家中身后萧条，竟无力成殓。

北京天文馆的科学顾问、老一代天文学家李鉴澄先生这样评价高鲁：“高鲁先生是在做官中开创我国现代天文事业的。”这句话很对。当时的中国正处于大动荡的转型社会之中，没有一定的社会地位和权威是不可能开创事业的。身为学者，高鲁如此全面地开创了我国现代天文事业，成为一代宗师。

第五章　造船工业

船政从1866年创办到1907年停造的四十多年里，共造各类兵商轮船44艘，历经从木胁木壳船到铁胁木壳船再到钢胁钢壳装甲舰的发展阶段。从“万年清”号到“艺新”号再到“龙威”号，船政用了20年的时间实现了从依样仿造木胁兵船到按图自造铁胁兵轮再到自行设计制造铁甲兵舰的跨越，中国造船技术实现了从技术引进到技术独立的华丽转身。

第一节

中国造船先驱——魏瀚

魏瀚（1850—1929）

字季潜，福建福州东郊人，船政前学堂第一届毕业生，中国近代著名的造舰专家。

学业出色

魏瀚自幼接受了良好的传统国学教育。1866 年船政学堂成立后，他毅然弃旧学报考船政学堂，成为第一届学生，专攻造船。

1871 年，魏瀚以第一名的成绩毕业后留在福州船政做技术工作，1875 年秋随洋监督日意格赴英法等国游历、学习。1877 年，他被选为第一届留学生赴法国削浦官学（瑟堡海军工程学院）学造船制机。学习期间，魏瀚“屡列上等”，当时法国方面人士斯恭塞格也承认“制造船械学生，考试以陈兆翱、魏瀚为最出色，可与法国水师制造监工（即工程师）并驾齐驱”。求学期间，他们曾到马塞造船厂、比利时兵工厂、德国克虏伯炮厂考察学习。

魏瀚因为提前两年来到法国，法文的基础又好，因此兼修了法律并被聘请为皇家律师公会助理员，“声誉日起，旋得法学博士”，成为第一位获得外国法学博士的中国人。

中国留学生刻苦努力，勤奋好学，学习成绩普遍很好，赢得外方高度赞扬。其中魏瀚更被视为“旷世良才”，回国后可担任“总教习”和“监造兵船”。经过近五年在欧洲紧张而又丰富的生活，1879 年 11 月，魏瀚起程回国，回来不久就被任命为船厂总监工，若干年后果然担任了海军造船总监。

造船先驱

魏瀚 1879 年 12 月学成回国后，在船政工程处取代洋师，并出任“总司制造”（即总工程师），组织研制了中国第一艘巡洋舰——“开济”舰。此舰被称为“中华所未曾有之巨舰”。

图 5-1　魏瀚主持建造了中国第一艘钢甲船——“龙威”舰

中法马江之战后，魏瀚在左宗棠支持下，于 1887 年底制造了中国第一艘铁甲船——“龙威”舰（后改名“平远”舰）。这艘钢甲舰长65.07米，宽13.17米，排水量2 100吨，实马力2 400匹，时速14海里。舰前方装有26厘米口径主炮，左右和后方有12厘米口径钢炮，舰前后有鱼雷发射管，并配有机关炮以对付近距离鱼雷艇。该舰1889年5月15日全船工程完成，经试航，“船身极为坚固，机器极为灵动，行驶极为稳快”。外国师匠“莫不讹为奇能”。在中日甲午黄海大战中，“龙威”舰受弹20余处，仍然具有战斗力。甲午海战后，此舰被日本掠去，参加了日俄战争，战绩出色。“龙威”舰的成功说明了船政学堂的毕业生可以设计制造出与西方同样先进的军舰，在中国造船史上具有里程碑意义。

魏瀚在船政期间共主持和参与建造了“开济”“横海”“镜清”“寰泰”“广甲”“广乙”“广丙”“广庚”“龙威”“福靖”“通济”“福安”十二舰，其中“广乙”舰为中国第一艘钢甲鱼雷舰。魏瀚为中国造船工业的发展做出了不可磨灭的贡献。魏瀚逝世后，萨镇冰、叶祖珪、陈绍宽等24人联名为其撰写生平纪略，赞其为中国近代造船事业的先驱。

整顿船政

甲午海战失败后，软弱无能的清政府让洋监督杜业尔控制了船政，让船政蒙受了巨大损失。

1903年8月，魏瀚受命于危难，以四品卿衔回任会办大臣。魏瀚上任伊始，即把“收权于旁落”作为首要任务。魏瀚不仅精于造舰，而且在法国曾获法学博士学位，又熟悉外交工作。他深知杜业尔存在两个方面的问题，一是滥用权力，二是经济问题。考虑到权力问题难以令法国政府及杜业尔本人折服接受，因而决定由经济问题突破。他不动声色地调查杜业尔妄称船厂亏欠法国各商家100多万两银的贪污虚报。当魏瀚展示法庭批准的洋行账目时，不可一世的杜业尔立即呆若木鸡。魏瀚将这些证据送交法国政府。由于事实清楚，证据充分，法国不得不同意召回杜业尔。随后由中方聘请原已在厂的柏奥镗为总监工，不再设洋监督，恢复了中方对船政的完全领导。这场夺权斗争就这样被魏瀚举重若轻、干脆利索地解决了，一时传为佳话。

解决了杜业尔问题后，魏瀚决心振兴船政。考虑到我国海军当前的任务为防卫，以及当时的国家和各省的财政实力，他提出应以发展鱼雷艇为主，因其制造工期短，"且随处可以收泊"。他派人向沿江沿海督抚提出"各省就力量所及按年筹款，向船政定各种鱼雷艇"，得到众人的积极响应，张之洞、萨镇冰尤为赞成。

然而崇善却不同意，相反他非常热衷于利用船厂设备铸造铜圆。魏瀚强调"此举影响制造船舰工程者甚大"，不同意与崇善联衔上奏。崇善怀恨在心并"借端参魏"，导致魏瀚被清政府革职，再一次受到无辜打压，但是他的威信反而更高，卸任之日，即得两广总督岑春煊、湖广总督张之洞急电延聘。

缔造《茶花女》传奇

林纾是中国19世纪末出现的一位不识外文的翻译奇才，他的第一部译作《巴黎茶花女遗事》是在王寿昌协助下完成的，但是他是在魏瀚引导并资助下成为翻译家的。

林纾是魏瀚的好友。林纾不幸丧妻后，心情极为悲伤，因而到好友的家中希望以友情消愁散心。这时恰逢王寿昌到访，为了消解林纾的丧偶之痛，王寿昌给他介绍了法国的一些小说，特别谈到小仲马写的名著《茶花女》。林纾听后深受感动，很惋惜地叹息道："可惜我不懂法文，否则若翻译出来让更多的国人欣赏这部名著，感受女主角的善良、自我牺牲的高尚品德，该多好呀！"魏瀚从旁立即建议："这好办！可以请寿昌将小说口译出来，林兄用中文笔录并加以整理不就成了吗？"魏瀚真诚地希望好友能投入翻译，消弭丧妻之痛的折磨，而且将西方的优秀文学介绍到国内，也是他多年的愿望，一个他自己无暇完成的愿望。林纾听后想了片刻才说："试试看吧！"

魏瀚趁热打铁，次日买舟载酒请两位友人同游石鼓山。王寿昌临窗而坐，手捧法文原本《茶花女》，逐字逐句、绘声绘色地讲述。林纾铺纸于几，全神贯注地一边细听，一边运笔如飞，用他那纯熟精练的文言文书写成章。一天下来，颇有成绩，林纾信心大增。随后魏瀚专门为他们收拾了工作室，安排厨房烹制可口饭菜，让他们安心舒适地在那里字斟句酌。不到半年全书译完，以《巴黎茶花女遗事》为名，由魏瀚出资，交神州城内最有名的书匠吴玉田印刷，印数100本，1899年2月正式出版。中国近代文学翻译史上具有里程碑标志的作品，也是西洋小说介绍到中国影响最大的一部作品，便以这种史无前例的传奇方式诞生了。

初印的100本分送三人的亲友，不料一经传出即供不应求。多家书局相继翻印，世间争相抢购，全国轰动。意外的成功极大地鼓舞了林纾，不仅排解了他的丧妻之痛，更让他看到翻译的重大意义。为了能把译作事业继续下去，林纾又经魏瀚介绍去见了杭州知府林启，受聘于东城讲舍任教，这样他又能靠自己的教学工作维持生计。林纾在杭州居住了三年，又翻译了不同语种的许多作品。1901年，林纾迁家到北京，仍然一边教学，一边译书。魏瀚的亲戚高梦担任商务印书馆的经理，专门为林纾出版了“说部丛书”。从此，林纾的名声大起，终于成就了这位旷世翻译家奇才。

第二节

精益求精的造船专家——郑清濂

郑清濂（1853—1927）

字景溪，福州人，船政前学堂第一届制造班毕业，留学法国削浦官学，获工学博士。曾参与中国第一艘双机钢甲舰“龙威”号的监造，参与设计和监造穹甲快船“开济”“镜清”“寰泰”，参与监造兵船“广甲”“广庚”“广乙”“广丙”“福靖”“通济”等，是中国近代杰出的造船专家。

长于动手的优等生

郑清濂少时聪明好学，14 岁考入船政前学堂制造班学习造船。造船专业要求学生能够计算蒸汽机功能、尺寸，会设计、制造船体及零件，能够放样，强调学生的实践动手能力。郑清濂经常下到装配车间实习，培养动手能力。经过几年理论与实践并重的学习、锻炼，郑清濂具备了设计蒸汽机的基础知识和管理车间的能力，学会了设计木壳船、计算船体面积、掌握航海性能、绘制图纸，能放样以及指挥施工，成长为一位长于动手的优等生。正如《洋务运动》一书中所讲：“明于制造理法者，则以李寿田、游学诗、罗臻禄、吴德章、郑清濂、汪乔年为最。”同治十三年（1874 年）春，郑清濂以优异的成绩毕业于福建船政前学堂第一届制造班，被派到船政船厂担任监工。

图 5-2 船政学堂留学生郑清廉在欧洲各地游学

1877 年 2 月，郑清濂等 28 人作为船政学堂第一批留欧学生到欧洲深造。郑清濂先入削浦官学学习轮机制造兼造枪炮，1879 年转入瑟堡造船厂和土伦造船厂见习，后奉命赴法国、比利时、英国等国参观考察造船厂、轮机厂、钢铁厂等。1880 年 3 月，郑清濂学习期满，毕业会考荣膺第一名，获工学博士。留学生监督李凤苞认为枪炮为防海要务，于是郑清濂又到汕答佃洋枪官厂专门学习验料炼造诸法。郑清濂学习刻苦，学业进步很快，仅 4 个月就经考试获得了监工官文凭。这样，郑清濂成长为一位学有专长，精通船机、枪炮理法技术的高级人才。

精益求精的造船奇才

1880 年 9 月，郑清濂回国，先担任马尾船政前学堂教习，后在船政工程处担任造船工程师。同年，郑清濂被派往德国监制“定远”“镇远”两艘铁甲舰，并应李凤苞要求在德学习铁甲船价值估算及绘图等技术。

为了让我国的造船业迎头赶上西方先进国家，郑清濂和魏瀚等人积极向船政当局者进言，认为法国新创制的双机钢甲舰马力大、驾驶容易，费用较省，可以仿造，强烈建议我国也着手制造新型双机钢甲舰。1885 年 5 月，督办闽省军务的左宗棠、船政大臣裴荫森以及其他大员联名上疏朝廷，请求拨款建造钢甲舰。他们在奏折中分析了建造双机钢甲舰的好处：“闽省如有此等钢甲兵船三数号，炮船、快船得所卫护，胆壮则气扬，法船断不敢轻率启衅。”同时还强调了郑清濂、魏瀚等工程技术人员提议建造双机钢甲舰并无功利之心，只是感奋于马江战败的耻辱与仇恨，奋发图强，希冀通过科技实现富国强兵。

清廷批准建造钢甲舰后，船政技术人员做了分工，郑清濂与魏瀚、吴德章监造船身，陈兆翱、李寿田、杨廉臣监造船机，船图仿自法国 1885 年创造的三艘双机钢甲兵船。1886 年冬，郑清濂与魏瀚等设计的中国第一艘双机钢甲舰“龙威”（平远）号开工，郑清濂等人在技术上精益求精，竭尽聪明才智，废寝忘食，反复修改图纸、模型，以期“创中华未有之奇”。1887 年 1 月 29 日，经过郑清濂等人 14 个月的艰苦奋斗，“龙威”钢甲舰终于下水。该舰首尾装有鱼雷炮，利于攻击，首炮、边炮、后炮装备完整。其船式之精良、轮机之灵巧、钢甲之坚密、炮位之整严均超过以前。该舰在制造中没有启用一名洋匠，完全依靠中国人自己的力量完成。它的制造成功标志着我国的造船技术达到了世界先进水平。郑清濂等人的造船实践验证了 1886 年洋监督斯恭塞格的断语：“郑清濂堪胜船厂总监工之任，亦可派制造军器。”郑清濂、魏瀚等人也因此被时人誉为造船奇才。

郑清濂还积极参与设计和监造穹甲快船“开济”“镜清”“寰泰”。这三艘快船制成后，裴荫森给予了很高的评价。随后郑清濂又参与监造“广甲”“广庚”兵船，“广乙”“广丙”“福靖”猎舰，“通济”练船等，同样成绩显著。

1887 年，郑清濂还奉命负责勘查、设计、监建罗星塔青州船坞，使当时中国的大船均可入坞维修。

进取有为的技术官员

郑清濂不仅在造船业建树颇丰，还涉足铁路、海军、教育等领域。因为他业务娴熟、为人正派又富有开拓创新精神，同样成绩不俗，成为晚清进取有为的技术官员，深受朝廷器重。慈禧太后曾 3 次召见郑清濂，醇亲王奕譞更器重他的学识，每进见必亲自出迎。

1907 年，郑清濂调任汴洛（开封—洛阳）铁路总办。次年，又调任京汉铁路总办，在收回京汉铁路权的交涉中起到了重要作用。邮传部曾评价郑清濂“品端守洁，不染习气，熟谙路政，兼精工程艺学”。

1909 年春，郑清濂任筹办海军事务处顾问官，并随筹办海军大臣载洵、萨镇冰等赴欧洲各国考察海军。海军部成立后，郑清濂出任海军军政司司长，并担任留学生廷试总考官等职。

1913 年 10 月，海军总长刘冠雄入闽，福州船政局归入海军部，郑清濂被任命为福州船政局局长。面对日渐衰微、举步维艰的船政局，郑清濂大胆进行了改革：他将船政前学堂改为福州海军制造学校，以陈林璋为校长；把船政后学堂改为福州海军学校，以王桐为校长；改船政艺圃为海军艺术学校，以黄聚华为校长。同年，他添购马限山洋船坞一所，并向北洋政府提出了改革船政的一整套计划。在郑清濂的整顿下，福州船政局“规模乃振”。1916 年 9 月，因船政局经费不能落实，郑清濂振兴船政局的抱负难以实现而辞职还乡。

郑清濂一生严于律己，廉洁奉公，艰苦创业，一心为中国的海军、造船、铁路等事业的发展贡献力量，功绩显著。

第三节

首位海军轮机中将——陈兆锵

陈兆锵（1861—1953）

字铿臣，闽侯县螺洲乡人，船政后学堂管轮专业第二届毕业生。前30年出入风涛炮火，战功卓著，历任北洋水师旗舰“定远”号机管、管轮、二管轮、总管轮以及“海天”号总管轮等职。后20年投身实业与教育，政绩显著，历任江南造船所所长、福州船政局局长等职，创办了福州制造学校、海军学校、海军飞潜学校和私立勤工工业职业学校，重建昭忠祠，倡办海军制造研究社。因其矢志不渝的民族气节与一生爱国的坚定立场，晚年获海军部颁发的“凛烈可风”银盾，是近代中国首位海军轮机中将。

勤谨奉职的海军总管轮

陈兆锵1886年从船政后学堂管轮专业毕业后，一直在海军服役，出入风涛炮火近三十年，也曾随旗舰“定远”号参加黄海海战，立下卓著战功。他历任北洋水师旗舰“定远”号机管、管轮、二管轮、总管轮以及“海天”号总管轮等职务，管理、操纵、驾驶着全舰的机器，对机电管理维修操作十分精熟，积累了丰富的实践经验，这决定了他一生专务实际、勤谨奉职的性格作风。

1898年，从英国学成归来的陈兆锵被派到“海天”号巡洋舰担任总管轮。“海天”舰是清廷向美国新订购的铁舰，排水量4 300吨，时速8 500米，是清廷当时最大的舰船之一。1903 年，“海天”舰管带刘冠雄率该舰南赴江阴，在江苏海面遇雾，至顶星岛触礁。出事后，舰上官兵均由友舰营救送返基地，陈兆锵见舰未沉，独自留在荒岛上看守“海天”舰，风餐露宿达三个多月，其临危不惧、爱舰守职的精神，被海军界传为佳话。

首任江南造船所所长

1912 年 4 月，上海江南船坞改归北洋政府海军部管辖，更名为“海军江南造船所”，陈兆锵以海军轮机少将衔奉命前往接管整顿。1913 年 2 月陈兆锵正式就任江南造船所首任所长。

陈兆锵上任之初，为改变江南造船所生产设备陈旧，经费、人才匮乏的困境，锐意改革，走实业报国之路。他以务实的态度，实施商业化的经营策略，扩大经营范围，修舰之外还兼营本国商船业务。经过他大刀阔斧的改革，江南造船所生产繁荣，营业蒸蒸日上。在他担任所长的三年半时间内，江南造船所共造船 89 艘，总排水量达 17 074 吨，其中 500 吨以上的 2 艘，平均每年造船 25.4 艘（排水量 4 878 吨）。无论在造船数量上还是在船只类型上，都大大超过了清海军时期，船只用户不但有海军部和国内的公司，也有国外的公司。所造舰船类型有：军舰、江轮、破冰船和浅水轮等。其中 1912 年替招商局承造的长江客轮“江华”号，质量很高，被当时造船界誉为长江各轮之冠；1914 年替川江公司承造“蜀亨”号浅水轮成功，并进而不断改进技术，使江南造船所赢得专造川江水轮技术方面的盛誉。同时，江南造船所的营业额和利润也持续增长。旧江南船坞原欠债 20 万两，定十年内分期还清。陈兆锵接管后仅一年就全部还清了。这期间，江南造船所的企业规模和生产设备也获得了扩充和改善。

陈兆锵接管江南造船所时，还极力改变洋员把持、控制造船所经营、技术大权的不利局面。他认为“假手外人，终非根本之计”，提出了“罗致人才、培训人才”的一系列计划，包括设实地练习处、船机学校、艺徒学校等措施，以期从洋员手里收回我国造船事业的利权，但北洋政府以经费紧张为由没有批准这项计划。尽管计划难以实现，陈兆锵依然十分重视对本国技术工人和技术人员的培训工作，不仅派遣高级工程技术人员出国深造，甚至连绘图员也被派出国学习。在他任内，造船所本土化的技术队伍初步形成。

1914 年第一次世界大战爆发，日美等列强垂涎江南造船所的军事位置和已有的基业，借口搞共同军事计划，向北洋政府施加压力，图谋用租借的方式霸占江南造船所。当时身任所长的陈兆锵毫不退让，向北洋政府力陈不可租借的理由，挫败了列强的阴谋，最终避免江南造船所落入外国人之手。

首位海军轮机中将

福建船政 1913 年由北洋政府收归海军部管辖，改称福州船政局。1915 年 10 月，北洋政府海军部为重振处于停顿状态的福州船政局，调陈兆锵任福州船政局局长，晋升为轮机中将。中将是海军轮机的最高军衔，他是第一位获得这一军衔者。

上任伊始，陈兆锵就着手恢复业已停止的造船业务。他调整人事，任用早期留法的艺圃生及富有实际经验的人去负责各厂厂务，迅速地整修恢复生产。为了便利船舶进口岸与停泊，他派人疏浚闽江航道，并买地以清除厂前的淤泥。造船厂很快于 1916—1917 年间建造出“海鸿”“海鹄”两艘炮艇和大小拖船若干艘。

陈兆锵重视人才的培养工作。他上任后亲自抓学徒的培训，船政局久不招生的艺圃（后改为艺术学校）也于 1915 年正式招收学生 120 名。1916 年他奉命督办福州制造学校和海军学校，一方面严格筛选生源，另一方面精选师资，严格管理，不徇私情。1917 年他又奉命设立海军飞潜学校，这是我国最早建立的培育飞机潜艇技术人才的专门学校。他满怀热情策划筹备，把心力放在为国家民族的振兴而培养储备人才上面，认为“用心力于无用之地与用心力于有用之地，其得失不可以道厘计”。飞潜学校的生源，主要是从艺术学校英文班中遴选出来的；师资方面则全部由留学归国的飞潜专业人才担任教官，课本采用英文原本，所以该校的专业化水平很高，非其他学校可比。

陈兆锵还于 1918 年创办了我国第一家飞机制造厂——飞机工程处。为了满足飞机制造的需要，他把船政局的铁胁厂和船厂改为飞机的生产试验场所，又在船厂左边的空地上建造起飞机棚厂、飞机装配厂，并于临江处架设飞机下水的滑水道。飞机工程处在他的大力支持下，巴玉藻、王助等人不负众望，在工程处成立的第二年就已试制成功我国第一架水上飞机（甲型一号），继又制成教练机、巡逻机 4 架以及军用飞船 2 艘。经试飞证明，飞机性能良好，宣告我国自造飞机首创成功。飞机工程处在陈兆锵任内共成功地造出飞机 15 架，成为我国飞机工业的先驱。陈兆锵也因“培育英才、创造军器、督察有方”得到北洋政府“授勋五位”的嘉奖。

1920 年，陈兆锵还主持重修马尾昭忠祠，他积极筹募款项，亲自主持、监督修建工程，撰写碑文碑记。他把该祠从专祀中法马江海战改为中法马江海战、中日甲午海战共祀，结束了中日甲午海战不立祠祭祀的历史。

1922 年，他创建发电厂，改善生产、生活条件，结束了福建船政创办以来近 60 年使用蒸汽动力的落后状况，也结束了马尾地区靠油灯照明的时代。

1925 年，陈兆锵离任之日，马尾军民夹道欢送，并在官道口立去思碑，碑题“挽邓思刘”，足见其德泽感人之深。

陈兆锵主持船政局长达 11 年。在任上，他鞠躬尽瘁，竭尽心力“汰冗振疲”，政绩显著，被誉为船政的中兴之臣。

凛烈可风的风骨长者

陈兆锵退休返居福州时，已近七十高龄，但他对家乡的公益事业和教育事业依然十分关心。1927 年 3 月，海军马尾造船所兴建长乐莲柄港农田灌溉工程。他既是始作俑者，又是最有力的支持者，不仅带头捐献养老金，还为工程筹措了大部分经费，使之顺利建成。

1934 年，福州艺术学校奉命停办，陈兆锵不忍心让这所历史悠久、卓有贡献的学校从此中断，虽年过古稀，仍四处奔走，终得维持，在原校址上创办了“私立勤工工业职业学校”，以延续其育才的历史。后来，该校在其存在的 17 年中虽三易其名，数度搬迁，仍为国家培育出不少人才。

1941 年，日本侵略军侵占福州后，曾用各种软硬手段，威逼利诱，要陈兆锵出任“福州治安维持会”会长，均遭他坚决拒绝。他辞病不见，且声称“若再强逼，必自尽殉国”，并嘱咐家属准备后事，以防不测。抗战胜利后，福建省主席李良荣亲自到陈兆锵家中慰问，对陈兆锵的操守至为钦佩。海军部为表彰其矢志不渝的民族气节与一生爱国的坚定立场，特颁给他“凛烈可风”的银盾一面。

图 5-3　陈兆锵严词拒绝任职伪军，气节凛烈可风

第四节

实业报国的矿务专家——池贞铨

池贞铨（1854—1915）

船政前学堂制造专业第一届毕业生，1877年被选为第一届留法学生，赴法国学习矿务兼习轮机制造。回国后任船政拉铁厂监工。他曾先后参加福州穆源铁矿等国内多处煤铁矿的勘探与开采，曾用连江县白石粉试炼钢高炉耐火砖，质量超过外国同类产品，系中国近代著名的矿务专家。

志存高远的热血男儿

池贞铨出生在福州，这里是民族英雄林则徐的故乡，这里的老百姓乐于传诵与这位民族英雄相关的点点滴滴，有很多与鸦片战争有关的故事在民间流传。少年的池贞铨在这些故事中慢慢读懂了国难、家仇的苦痛，也深深体会到弱国子民的屈辱。一个志向在他心中慢慢清晰起来：长大后要造大铁船，打击外国侵略者。他不止一次对教书先生说："我长大了要造比英国更坚固的船、更厉害的大炮，这样我们就不怕外国人欺侮了！"

1867年，池贞铨考入船政绘事院，后因成绩优异转入前学堂学习轮机制造。当时船政学堂规定，每三个月考一次，考绩列一等者赏银10元，连续三次一等者另赏衣料。池贞铨学习刻苦、成绩优异，所得奖金与衣料皆捎往家中，父母将其衣料制成衣裤穿上，行走乡里。众乡亲皆以此教导子女：你们何时也能像贞铨哥那样让父母脸上有光?

1877年，池贞铨作为第一批船政学堂留欧学生留学法国。池贞铨与林庆升、张金生、林日章、罗臻禄5人，被分配专攻“矿务制造理法”，先进入科鲁苏民厂，后转入巴黎矿务学校（即巴黎国立高级矿务学院）学习。在这5个学习矿务的学生中，池贞铨、林庆升的学习成绩最好。在法国矿务学院学习期满，池贞铨以优异的成绩取得矿务总监工官凭。而后，他又到德国矿山荟萃的哈次学习淘洗熔炼，掌握了勘矿、采矿、冶炼等一整套当时世界上最先进的技术。

1880年，这位从小立志科技报国的热血男子掌握了当时最先进的矿务技术，重新站在了祖国的土地上。

目光犀利的矿藏勘探者

当时洋务运动方兴未艾，国家财源日竭，每年却还要拿出大笔银钱向外国购买煤、铁。与此同时，西方列强又对中国蕴藏的丰富矿产资源虎视眈眈，企图染指。面对内忧外患，许多有识之士都企盼中国能够依靠自己的技术力量独立寻找矿产资源、开矿办厂。

池贞铨学成回国，正赶上了国内的这股浪潮。池贞铨回国后不久，船政为减少造船厂对国外煤、铁的依赖，就派他到福州周边勘探煤、铁矿资源。他与同学林庆升、林日章一起，走遍福州城周边的所有高山，又跋涉闽侯、闽清、永泰境内的一座座高山。当时交通工具极其落后，又没有什么勘矿仪器，年轻的池贞铨与同学们一起扛着铁镐、背着干粮和行李卷翻山越岭，有时连着几天都食宿在大山深处。很快，他们就在闽侯、闽清、永泰三县交界处，找到了穆源铁矿和煤矿。

池贞铨、林庆升等人立刻成了各省竞相罗致的人才，人们都寄希望于池贞铨等人，希望他们能勘探到国人当时急需的矿藏。在差不多十年的时间内，池贞铨的足迹遍及大江南北，对我国各地的矿产资源进行了一次系统的调查、勘探，并以他犀利的眼光勘探到一系列的矿藏，对我国独立自主地发展矿业贡献匪浅。

1882 年 5 月，池贞铨被北洋大臣李鸿章调往烟台勘测铅矿，两个月后即勘得登州府宁海州、霞县、招远均产铅矿。随即，池贞铨将宁海州矿石送天津制造局化验，将招远矿石送外洋化验，准备制造铅弹头。

1889 年，池贞铨等人被借调到汉阳铁政局，负责勘探我国的煤矿资源。他们先后赴湖南、贵州、陕西、四川、山西等省有关地区进行勘探和调查；还对湖北的荆当、广济、兴国等处煤矿资源进行了详尽勘探。1890 年，池贞铨发现了适宜开采的湖北大冶王三石煤矿和江夏马鞍山煤矿。在湖北大冶，池贞铨还发现了储量大、含铁量高的大冶铁矿。紧接着，池贞铨又到湖北平山、千家平等地勘探铜矿。

图 5-4　池贞铨踏遍大江南北，勘探矿产资源

池贞铨还与同学们一起到湖南的衡州、宝庆、辰州、永州，四川的夔州，陕西的兴安、汉中，江西的萍乡，贵州的青溪等地勘探、调查矿产资源，勘得了萍乡煤矿、赣州铜矿等一大批宝矿。

精于勘矿的池贞铨对中国矿业的重大贡献在于他勘得的那些宝矿，今天多已成为中国的重要矿产基地，如煤都山西、铜都江西、金都胶东、有色金属之都贵州，至今仍在为祖国贡献着铜、煤、铁、钼、铅……

勇于创新的实业救国者

从少年时代起就立志科技报国的池贞铨，并没有满足于勘探、发现祖国的矿藏资源，他把更多的精力投向了开发矿山、开办矿业，希望通过发展实业来实现振兴祖国的梦想。

他先后参与筹建开发山东登州铅矿、山东平度金矿、山东淄川铅矿。从 1891 年起，池贞铨参与筹建了中国近代第一个大型钢铁工厂——汉阳铁厂和中国第一个用近代技术开采的露天铁矿——大冶铁矿。汉阳铁厂 1893 年竣工，1894 年初开炉，同年 6 月 30 日炼出第一炉生铁。池贞铨还参与筹建开发了与之相配套的大冶王三石煤矿、江夏马鞍山煤矿、江西萍乡煤矿。1893 年 2 月，王三石煤矿开出第一井，马鞍山煤矿也于同年 8 月开始出煤。就这样，我国近代第一个，也是远东第一座以炼铁厂为中心，融采铁、采煤和炼钢于一体的钢铁联合企业在他的帮助下建成了。1907 年，池贞铨与沈庆瑜创办了资本达 20.8 万元的赣州铜矿。

作为一名实业家，池贞铨又勇于挑战科技难题。由于炼铁、炼钢都需要耐高温的砖头砌炉，而我国当时无法自行烧制耐火砖，须向外国买。外国商人趁机敲诈，不但价码高得惊人，且还提一大堆附加条件。为了不让外国人卡我们自己的脖子，池贞铨决定自己研制。他利用连江的白石粉，仔细研究配方，终于烧制出可砌造炼钢、炼铁炉，耐温程度远比洋货优良的耐火砖。这也是我国自行烧制成功的第一块耐火砖，大大长了中国人的志气。

第六章 海军根基

船政学堂在从1866年创办到1912年改制这40余年的时间里，为中国培养了600多名各类海军人才，并先后四次选派80多人分赴英法等国留学，开创了中国近代海军教育以及海军留学欧洲的先河，同时也为随后创办的海军学堂提供了办学经验并输送了大批教育人才，在中国海军史上留下了萨镇冰、叶祖珪、陈绍宽、黄钟瑛、程壁光等一长串光辉灿烂的名字。因此李鸿章把船政学堂称为海军的开山鼻祖，后人亦认为船政学堂是“中国防海设军之始,亦即海军铸才设校之基”。

第一节

中国海军的模范军人——萨镇冰

萨镇冰（1859—1952）

字鼎铭，福州人（原祖籍山西代县）。1869 年考入船政后学堂驾驶专业第二届，1872 年以第一名的成绩毕业。1877—1880 年留学英国。萨镇冰是我国海军史上具有划时代意义的人物，有“四朝元老”之谓。他的一生，历经清朝、北洋政府、国民政府和中华人民共和国 4 个历史阶段，且每个阶段都地位显赫，历任广东水师提督、海军统制、海军总长、代理国务总理、中国人民政协全国委员会委员等职。甚至交谢宝璋（著名作家冰心的父亲）曾经用这样一句话来评价他：“中国海军的模范军人，萨镇冰一人而已。”

严格自律

1880 年，萨镇冰由英国格林威治皇家海军学院毕业回国后，在天津水师学堂担任教习，目睹了英国海军的强盛与我国海军的颓废式微，他决心用严明的纪律和严格的训练来培养一支属于中国的强大的海军。萨镇冰深知“其身正不令而行，其身不正虽令不从”，因此他总是身体力行做官兵的表率。

上任之初，他就在卧室里特制了一张和船员床铺相似的又窄又小的木床作为自己的卧床。他说：“军人是不能贪图安逸的，在岸上也应和在海上一样。”在教学生练习基本功时，萨镇冰一改过去中国海军雇用少数民族人士代为学生驾驶，或由船户领港的恶习，放手让学生自己练习驾驶，并亲自带领他们进行荡舢板、泅水、打靶等训练，把这些作为海军的必修课。开始时，正统领叶祖珪对此常常皱眉说："鼎铭太肯冒险，他专爱用些年轻人！"但实践证明，此举对培养学生的实际操作能力和强健体质极有益：萨镇冰所统领的军舰，航行数十年，从未失事过，打靶演习也总是名列全军之冠。

1901 年，时任海军副统的萨镇冰带领"海圻"号兵舰在海上练习打靶时，枪炮副不慎将一尊价值 2 万余元的船边炮的炮膛内划伤一痕。为严明纪律，萨镇冰除对这位枪炮副予以处罚外，决定自己捐出月饷，以补偿损坏的代价。此事辗转传到了时任直隶总督袁世凯的耳朵里，袁对萨镇冰此举极为欣赏，立即"寄款代偿"，购置一尊新的船边炮换上。

图 6-1　镇守刘公岛的萨镇冰拒绝夫人登船探望

在中日甲午战争坚守日岛炮台时，萨镇冰因战事吃紧，"连宵不寝"而劳累成疾，夫人闻讯后专程从威海赶到烟台来看望他，正准备登舰时，萨镇冰知道了，他喝令守兵搬开船梯，不让上船。左右劝他说："夫人千里而来，请许其登船一晤。"

萨镇冰严肃地回答说："这里是什么地方，今天是什么日子，怎么能允许上船？"他让下属转告夫人："不必过于担心，就当我已经死了。"夫人被拒见后，只得挥泪而归。

秉公办事，不徇私情是萨镇冰的一贯作风。任海军总长期间，有一次他为紧缩开支，提高工作效率，拟将挂名拿干薪的大部分参议、咨议数十员予以裁汰。有人为了保住自己的位置，纷纷请客送礼，大行其贿。可是萨镇冰不顾其背景如何，一律按既定办法决定去留，绝不徇私情。经办人员虽告知某某有总统保举的条子，某某有总理的推荐函件等，但萨镇冰却说："难道有势力会活动的人就该活，没势力不走后门的人就该死吗？"萨镇冰一概未听那套，仍按原定办法决定去留。

从担任教习到后来官至海军总长，萨镇冰不曾用过一个亲戚。凡有亲戚远道来投，他"必酌给川资"，或做买卖的本钱，劝他们回去，每次总是强调这样一句话："你们没有受过海上训练，不能占海军人员的位置。"

复兴海军

萨镇冰待人谦和，深得军心，无论带兵打仗，还是巡视海面、训练兵卒等都很有成绩，在当时是一位难得的海军将帅人才。

1898 年，清政府决定复兴海军。总理衙门应诏上折保举，称赞萨镇冰坚忍勤能，堪胜将帅之任。清政府考察后于 1899 年任命萨镇冰为北洋水师帮统，兼任当时中国最大的军舰"海圻"巡洋舰的管带。

《辛丑条约》签订后，有人建议撤销原来向各国订购天、圻、容、筹、琛五舰的计划，以此向英德等国表示，中国没有对外作战的态势和准备。萨镇冰与北洋水师统领叶祖珪一起向清政府据理力争，才使这几艘军舰得以保存。

1905 年，当总理南北洋海军的叶祖珪去世后，清廷就下令，由萨镇冰继之。此后萨镇冰着手整顿、建设南北洋海军，为振兴壮大中国海军力量而努力。

萨镇冰认为建设海军必须先培养人才，所以他一方面于 1903 年创办烟台海军学堂亲自培养海军人才，另一方面选派学生出国留学，先后有吴振南、朱天森、王仲芳、林国庚等赴英国学习；刘华武、郑礼庆、谢刚哲、沈鸿烈等赴日本留学；常朝斡等赴德国学习枪炮，赴奥国学习鱼雷；康文盛、王开治赴英国学习造船等，为中国海军建设培养了一批专门高级人才。

萨镇冰还致力于南北洋海军收归统一。1909年7月，他任筹备海军大臣，将南北洋海军大小舰艇40余艘分编为巡洋、长江两舰队。同年10月，他赴欧洲各国考察海军，翌年秋又前往日本、美国考察。他从整顿长江舰队入手，效仿欧美各国，特别是英国海军建军经验，订立官阶，整肃军队，严肃军仪，厘定建制，健全海军铨衡制度等。甲午战争中全军覆没的中国海军，经他恢复重建，悉心规划，置械练兵，实力大增。

萨镇冰作为海军元老，从不在年轻的海军后进面前炫耀吹嘘自己的资历官阶。1940年3月，他由贵阳前往重庆，途经黔北桐梓时，应邀在海军学校全体同学的欢迎茶会上发表题为“我在海军界求知和服务的经过”的演讲。萨镇冰以自己在海军界数十年的亲身经历和经验教训勉励海军学员，坦诚地告诉大家他曾被上司记过两回过。虽然这两次都是由于他年轻时偏爱冒险、勇于探索，造成他的舰船两次搁浅被记过，但他还是认真吸取教训，永志不忘，并现身说法告诫海军青年切勿重蹈他的过失。

萨镇冰成长为一位晚清海军将领，不仅是他继承发扬了我国爱国军人的武德，也是他接受了英国军人“务实重行”作风影响的结果。在弥漫着怯战颓靡风气的晚清海军中，这种品质和风格弥足珍贵。

心怀民众

萨镇冰任福建省省长期间，经常微行察访民情疾苦。有一次，他走在街上遭到一位人力车夫的挤斥，也毫不介意。他上下班总是由省署的侧门出入，以免正门的警卫向他行礼。有一次，福州西郊十几位农民因用水纠纷来到省署门前求见省长，当门卫以省长公务繁忙、无暇接见为由正要驱散这群来访者时，适逢萨镇冰便服步行回署，他嘱咐门卫今后有老百姓求见不要阻拦。他将来访者请进会客室以礼相待，在认真倾听了他们的诉说后，妥善解决了用水纠纷。事后来访者才知道，这位说话办事痛快的布衣老者原来就是萨省长。

1926 年 10 月，萨镇冰卸省长职后，闽江口的南港瓜山一带 93 乡遭兵患，民不聊生。68 岁的萨镇冰组织福州各界成立了救灾委员会并亲任会长。他四处奔走吁请各界捐赠衣食，向海外华侨募捐 20 余万元，全部为南港难民建造新屋、恢复生产之用。同时他在南港修筑通往各乡的大路，并建造了苏州桥。南港 93 乡百姓为了纪念他的功绩，在他 70 寿辰时特地在桥上建了“萨公长寿亭”，并把农历二月二十六日萨老生辰日定为“长寿节”，岁岁庆祝。

1933 年，萨镇冰看到福鼎秦屿镇地处洼地，海潮倒灌严重。涨潮时，海水滚滚而来，村舍民舍以及田畴受淹，成为泽国。退潮时，遍地染上碱霜，给农业生产和农民生命财产造成巨大损失。萨老感同身受，又积极筹募款项，在秦屿修筑堤坝，从此秦屿成了鱼米之乡。当地百姓感激萨老恩德，特把此堤命名为“萨公堤”。

抗战胜利后，萨镇冰回到福州，继以 88 岁高龄之躯，向海外华侨募款，创建“福建佛教医院”（后改称福州大众医院），为贫苦民众和僧尼居士免费或半费治疗疾病。

百姓对于萨老造福人民的善举，有口皆碑。当时乡人和萨老的旧同事、门生陈兆锵、陈培锟等人，考虑到萨老清廉无积蓄，晚年仍寄寓族亲之家，便在萨老 80 周年诞辰之际，在福州城内东北泉山兴建“萨公仁寿堂”，作为众人祝寿的礼物，以示大家对他的爱戴。

第二节

鞠躬尽瘁的海军名将——叶祖珪

叶祖珪（1852—1905）

字桐侯，福州人，船政后学堂驾驶专业第一届毕业生。1877年作为第一届留欧学生入英国格林威治皇家海军学院深造，1880年学成归国。历任“靖远”舰管带、北洋水师中军右营副将、海军统领、广东水师提督、南北水师统领等职，历经我国近代海军创建—衰败—重建—归并的最主要历程，为我国海军事业的建设鞠躬尽瘁。

才能突出的巴图鲁

1880年，“勤敏颖悟，历练甚精，堪胜管驾官之任”的叶祖珪学成回国。不久，被调入北洋海军，任“镇边”炮船管带。

1887年，叶祖珪奉命赴英国接领在阿姆斯特朗船厂订造的“致远”“靖远”“经远”“来远”4艘巡洋舰。他亲自主舵“靖远”舰，驶离朴茨茅斯港，涉重洋20 000余里，成功地把船开回国，节省费用数十万两，打破了海军以往事事依靠洋人的陋习，为国人扬眉吐气。因接船有功，叶祖珪被授“捷勇巴图鲁”勇号。

1891年7月，因历年筹办北洋海军得力，叶祖珪被晋升为总兵，并换赏“纳钦巴图鲁”（英雄）勇号。

图 6-2　叶祖珪亲自驾驶订造的“靖远”舰回国

甲午海战浴血沙场

1894 年日本政府蓄意发动对华侵略战争，屡屡发出侵略的叫嚣。叶祖珪深感局势危难，提出主动出击的明智建议，却被软弱无能的清政府断然否决。

1894 年 7 月 25 日，日舰突然炮轰我舰，清政府被迫于 8 月 1 日对外宣战，史称甲午中日战争，而黄海大战则更是双方主力的决战。北洋海军投入黄海大战的兵舰有 12 艘，指挥作战的是水师统领丁汝昌。丁汝昌忠于职守，但海上作战经验无多。他坐镇“定远”旗舰，临阵指挥时随机应变能力不足，在出战时也没明令必要时的代理旗舰，当“定远”舰的信旗装置被敌炮轰毁，舰队难以统一指挥协力作战，相邻诸舰被迫自行协作各自作战。叶祖珪率领的“靖远”舰与邱宝仁率领的“来远”舰相互依持，坚持战斗，与日舰周旋苦战，终因寡不敌众，舰体受重创，舱面着火，死伤多人。为了扑灭大火，塞罅堵漏，牵制敌人，“靖远”与“来远”舰决定战略转移，冲出包围，驶向大东沟西南的大鹿岛附近，背靠海滩，占据有利地形，一面抢修，一面引诱“吉野”等 4 艘敌舰尾随而来。“靖远”舰以舰首重炮轰击敌舰，敌舰怕搁浅，又畏炮轰，终不敢逼近。这样，“靖远”舰不仅赢得了救火和抢修时间，又牵制了敌舰队的机动力量，减轻了敌舰对北洋舰队的压力。战至下午 5 时，“靖远”“来远”舰抢修初毕，立即负伤归队，与“定远”“镇远”舰会合。叶祖珪得知旗舰仍无法升旗指挥，形势危急，当机立断，下令升起司令旗，代替桅楼被毁无从指挥的“定远”指挥全队，于是“诸舰随之”，北洋水师声势复振，日本舰队因天色已晚，怕威海港内的北洋舰只赶来增援，于是向西遁去。历时 5 小时的黄海大战，我方终因战术战略失误等原因以失败告终。但我舰能迫使日舰先遁出黄海战场，粉碎其“聚歼清国舰队于黄海”的狂妄叫嚣，为当时孱弱的国情注入了一剂强心剂，同时也证明了北洋海军具有一定的御海力量。战后清政府对北洋海军的官员进行了考核，认为叶祖珪、萨镇冰等 5 人“朴诚可用”。

1895 年，日本进攻威海卫，北洋舰队在坐失战机的情况下蒙受致命打击，全军覆没，清政府将浴血奋战的北洋海军生还官兵 3 000 余人全部罢遣，叶祖珪亦被革职。

叶祖珪对其管驾多年、立有战功的“靖远”舰深为怀念，无论身居何职、身处何处，始终携带着“靖远”舰专用的、铸有英文“大清帝国海军——靖远”的茶匙，并多次对家人及左右说：“看到这茶匙，好像靖远还在我身边。”这把经历时代风雨的茶匙，现收藏在北京中国人民军事博物馆中。

统帅北洋海军

1899 年，清廷重建北洋水师，叶祖珪被撤销革职处分，授为北洋水师统领，与萨镇冰一起担负重振北洋水师的大任。

受命于危难之秋的叶祖珪，一面设法充实舰队，协调海陆联防，一面组训官兵，亲自撰写《旗灯通语》二书并绘《要害地理图说》一卷，令部下勤加研习。不久，重建后的北洋海军已拥有 7 艘军舰、4 艘鱼雷艇，叶祖珪仍感管驾人员不足，又嘱萨镇冰筹办烟台海军学堂，培养新型管驾人才，加快重建步伐。

1901年，《辛丑条约》订立后，议和大臣为了讨好列强，竟欲自行解除仅存的海军力量，要将“海天”等5艘大型兵舰撤售，退还英德两国。叶祖珪力排非议，据理力争，终于保留住北洋海军的命根。

叶祖珪在任内善待同僚，识才爱才。他与萨镇冰谦让统领之事，曾被传为佳话。他对有才干的原“靖远”舰大副刘冠雄也很器重，屡加培养提拔。他重用精通技术的部属，曾上疏推荐郑滋樨承办大沽航道，绘制海图，后被国际认可。因此他的下属都很感激他，在各自岗位上尽责尽力，与他一起度过了重建北洋水师的艰难岁月。

整顿南洋海军

当时南洋海军管理不善，江海防务虚弱，影响海军全局。叶祖珪受命管理南洋海军后，就着手整顿。

叶祖珪用实际行动重塑南洋海军形象。日俄战争期间，俄国军舰无视我国主权，竟从北洋海域窜入上海内港，一时间上海民心浮动，社会舆论认为“中国海军，万不能维持中立”。叶祖珪大义凛然，一面令“海圻”“海筹”等舰艇不分昼夜妥为防守，一面严执中立公法，维护国家权益，安定百姓情绪，毅然下令将俄国军舰予以扣留并解除武装，表现出强烈的民族自尊心和责任感，用实际行动改写了南洋海军的形象。

上海船坞因管理机构重叠，积弊甚深。叶祖珪接手后，对上海船坞进行了大刀阔斧的改革：不仅推广西方先进造船技术，而且大胆采用近代资本主义企业经营管理体制。经叶祖珪大力整顿，船坞的积弊一扫而空，节约了大量资金，并用红利购买了设备，奖赏得力员工。船坞规模、技术水平、生产能力都有所进展，逐渐成为近代企业中的佼佼者，为后来的江南造船厂奠定了基础。

叶祖珪重视海军人才的培养，看到南洋海军人才匮乏，他以船政学堂的经验为蓝本，参照英国培养海军人才的办法，亲自指导修订江南水师学堂的规章制度，并派海军游击蒋超英为监督，拨给兵船供学生实习。学生卒业时，他还派员前往考核，办学质量渐有起色。后来的海军将帅之才——陈绍宽、陈季良等均系该校出身。

经过一系列整顿，南洋海军局面有了好转，史称：“一切事宜条理井然，规模宏整，故论南北两军联络之功，率以祖珪为最。”

鞠躬尽瘁，死而后已

叶祖珪将毕生精力和爱国情怀都融入了中国的南北洋海军建设之中，经历了中国近代海军创建—衰败—重建—归并的整个过程。

1905年夏，叶祖珪从南京沿江巡视沿海炮台及水雷营地时，劳累中暑又染伤寒，勉力完成公务，病危送沪，抢救无效，于上海军中病逝，时年53岁。噩耗传来，“将吏皆哭失声，有越千里来送葬者”。清廷诰授“振威将军”谥号，钦赐祭葬于福州西门梅亭群鹿山之阳。

第三节

民国首任海军总长——黄钟瑛

黄钟瑛（1869—1912）

原名良镫，又名鎏，号赞侯，福建闽县（今福州市）人，船政学堂第十一届驾驶专业毕业生。黄钟瑛是民国首任海军部长，为清朝海军转向革命及民国的创建和巩固做出了积极的贡献，被孙中山誉为“尽力民国最多”的海军将领。

智勇双全的海军宿将

黄钟瑛在海军界服务近三十年，历任“飞鹰”“福靖”舰枪炮官，“海琛”“海天”“海筹”舰帮带大副，“飞鹰”“镜清”舰管带等职。黄钟瑛为人忠厚诚恳，廉正谦让，功名利禄不介于怀。他办事果断干练，机敏沉着，任事海军以来，事事认真，纪律严明，恩威并济。他对部下要求严格，但又不失仁爱，总是和颜悦色，甚至有人说他“终其身未尝有疾言遽色”。他十分关心部下的疾苦，并注意发挥部下的才能，深受官兵爱戴和上司的赏识，在军中晋升很快。

黄钟瑛作为一名海军宿将，其服役的“济远”舰参加了甲午战争的全部三次海战，是北洋舰队中作战次数最多的一艘战舰。黄钟瑛随舰参加战斗，在残酷的战火考验中表现出智勇双全的过人素质。

1894 年 7 月，“济远”舰率“广乙”“威远”两舰组成护航舰队，护送清朝陆军增援朝鲜。25日，在返航途中，三舰在丰岛海面遭到日本海军联队第一游击队的三艘巡洋舰“吉野”“浪速”“秋津洲”的袭击，爆发了丰岛海战。

“广乙”“威远”两舰装备落后，很快被日舰冲散，退守他港，不能成队。这场战争由于是日本三只舰船打清朝一只舰船，加上日舰的吨位、装备、速率都超过“济远”舰，日方无疑占据了绝对优势。在这种情况下，深知我方实力逊于对手的黄钟瑛几次主张智取，但其建议不为“济远”舰的指挥官所采纳。“济远”舰正面迎战，大副沈寿昌登上望台代管带指挥。双方激战一个多小时，“济远”舰望台被击中起火，沈寿昌阵亡，二副柯建章立即接替指挥，不久也中弹倒下，全舰阵亡13人，受伤27人，前主炮已无法射击。黄钟瑛临危不惧，挺身而出，协助管带指挥还击，与敌周旋，以尾炮边射击边向西撤退，以一敌三，先创“吉野”，再创“浪速”，而敌旗舰“吉野”紧追不放，两舰相距渐渐缩短到2 500米左右。黄钟瑛与水兵王国威、李仕茂在弹片纷飞中，冒着硝烟准确射击，连中“吉野”三弹，“吉野”拖着中弹燃起的浓烟，转舵逃奔。“济远”因孤军作战，没有后援，不再继续追击。“吉野”由“浪速”“秋津洲”护送归队。入港后，日官兵惊哗：大日本舰队中最先进的巡洋舰竟遭重创。“济远”舰的作战能力给日军留下了深刻的印象。

战后论功行赏，“济远”舰兵卒伤亡者受到抚恤，幸存者获得奖赏；舰长更荣获光绪皇帝传旨嘉奖。

敢为天下先的革命义士

1911年10月，武昌起义，革命军连克三镇，成立了湖北军政府，引起清王朝的极度惊恐。清海军提督萨镇冰率长江舰队布于武汉江面，与陆军配合镇压革命军。湖北军政府都督黎元洪曾以师生之谊两次致书萨镇冰，晓以大义，希望海军能够转到革命军方面来。萨镇冰举棋不定，左右徘徊，在广大海军官兵倾向革命的情势下，只好自行离职，由黄钟瑛临时任舰队队长。

黄钟瑛在率舰开赴九江途中，审时度势，认清中国外患严重，民智方开，清朝专制政府再也不能继续下去了，必须扫旧布新。他毅然奋起，做出了一生中最重要的抉择。他召集各舰官兵，告诉他们说："如今山河破碎，生灵涂炭。我们是汉族人民，自当效忠祖国。现在时机已到，不可错过，但是意志要坚定。军人的品格就在于刚健中正，坚不可摧。这也是成功的关键。诸君若有志革命，以求复兴中华，一定要铲除恶习，严于律己，决不可损害军人的名誉，给人民带来耻辱。这是对诸君的厚望。"各舰官兵无不感奋，表示服从黄钟瑛的指挥，为建立民国效力。于是，各舰降下清海军的龙旗挂起白旗，宣布起义，加入革命行列。海军主力在九江起义，有力支援了革命，给清政府以致命一击。

海军在九江、镇江、上海相继起义后，公推黄钟瑛为临时舰队司令。黄钟瑛先是率舰去安庆平乱，又率舰去大通（今安徽铜陵）安抚军民，紧接着带军攻下南京，南京遂告独立。汉口得而复失后，又率舰救援汉口。当年 12 月，黄钟瑛因战功被推举为海军副司令。因总司令程璧光在英国未回，就由黄钟瑛任代总司令。

为民国尽力最多的海军总长

1912 年元旦，中华民国宣告成立，临时大总统孙中山任命黄钟瑛为海军部首任部长兼海军总司令。5 日，黄钟瑛出席由孙中山主持召开的首次国务会议。12 日，陪同孙中山视察狮子山炮台及海军各舰。

黄钟瑛得到孙中山的信任，身兼要职，深感责任重大。当时民国初建，政局动荡，人心不稳，百废待兴。黄钟瑛为海军建设夜以继日地工作，以不辱使命，不负孙中山和海军将士的厚望。黄钟瑛任总长后发布《通告海军全体书》，指出民国初创，形势异常严峻，"和议无成，大功未竟"，海军官兵要以革命大局为重，严格遵守军纪和政府法令，不争名逐利，不内起纷争，齐心协力推翻清政府，努力推进共和政治。

孙中山就任临时大总统后，袁世凯向南方发出战争威胁。孙中山决定北伐。黄钟瑛坚决拥护孙中山的北伐主张，积极调拨军舰，组建北伐舰队。海军部次长汤芗铭任北伐舰队司令，率"海容""海琛""南琛""通济" 4 艘巡洋舰北上。北伐舰队的到来，壮大了北伐军的声威，有利巩固和扩大了革命成果。

图 6-3　黄钟瑛发布《通告海军全体书》

黄钟瑛任海军总长期间，国务繁忙，征调频频，经常夜以继日、废寝忘食地工作，除筹划舰队北伐和援鄂事宜外，还着手整顿海军、革除旧习，支持成立随营宣讲团，编辑出版《军中白话宣讲书》。他事必躬亲，辛苦操劳，经常独炉煨火，熬至天明。

孙中山辞去临时大总统前夕，把黄钟瑛叫到办公室，赠其手书的“有志竟成、公而后私”的横幅。黄钟瑛双手接过横幅说：“请总统放心。海军为国服务，唯听从革命！”

袁世凯就任大总统后，黄钟瑛辞去海军总长一职，但仍留任海军总司令。黄钟瑛在极端困难的条件下致力发展中国海军。作为总司令，他不仅要协助海军部制定计划，执行海军部的各项命令，还要统辖各舰队及学堂、练营、水雷营、医院、造船所等海军各部门；总司令下设左右两个舰队，后改称第一、第二舰队，共有舰艇 30 余艘。他经常说：“我既任此职，就应进取不止，有所建树。现在民国初建，列强环伺，要收建威销萌之效，将有赖于海军。如果我们积习相因，不思进取，满足于做表面文章，致使军国大事毁于因循玩忽之中，岂不辜负国家和人民的厚望？”

黄钟瑛忠于职守，日夜操劳，健康受到极大影响。1912年10月，他突然吐血，被送往医院救治。黄钟瑛在病榻上仍关心公务，致使身体难以康复，12月4日，在上海寓所与世长辞，时年仅44岁。孙中山先生从杭州赶来参加黄钟瑛的追悼会。孙中山对黄钟瑛的去世深表哀悼，在会上发表了介绍黄钟瑛生平及其勋绩的演说。孙中山的演说悲惋激昂，与会数百人深受感动，无不落泪。

黄钟瑛的去世，使艰难斗争中的孙中山失去了一位忠实而坚定的支持者。他在挽联中充分表达了自己的悲痛和惋惜之情：

尽力民国最多，缔造艰难，回首思南都俦侣；

屈指将才有几，老成凋谢，伤心问东亚海权！

另一位革命伟人，在临时政府任陆军总长的著名军事家黄兴，也对黄钟瑛投身革命、创建民国的贡献给予了高度评价，并对他在革命最需要的时候英年早逝深感痛惜。他在挽联中写道：

一举夺得扬江水，汉势不孤，黯收幕南王气；

六洲齐传奈尔逊，将星忽陨，独存海上雄风。

第七章　马江英烈

马江海战，福建水师惨败。11 艘舰船 9 艘被击沉，2 艘重伤自沉，战士阵亡近 800 名。我们在吞咽失败的痛苦和历史的耻辱时，却不能简单地抹杀这些海军将士的努力和功绩。他们的血性，他们为国家、为大义慷慨赴死的责任意识与牺牲精神气壮山河，震惊了外国侵略者，使之不得不承认中国官兵“表现出英雄的好榜样”，并认为“真正的荣誉当属于战败的人们，他们奋斗到底，并且和焚烧着的被枪弹洞穿的船舰一起沉没”。1884 年的马江海战，船政学堂 27 名毕业生参战，牺牲 21 名。

第一节

为国慷慨赴死的管带——陈英

陈英（1856—1884）

字贻惠，福建闽县（今福州市）人。福建船政学堂第三届驾驶专业毕业生，“福星”舰管带，在马江海战中以身殉国，入祀马尾昭忠祠。

“福星”舰管带

1871年，陈英考入船政后学堂第三届驾驶专业，学习驾驶、船艺、枪炮等术。陈英聪颖好学，为人忠勇，品学兼优。1875年陈英毕业后在“扬武”舰上见习，1876年随“扬武”舰远洋航行，游历了新加坡、小吕宋、槟榔屿、辽东湾等地，增长了见识和才干。船政大臣沈葆桢欣赏陈英的才干，保举其为千总。1880年，陈英以五品军功升任，成为“福星”舰第三任管带，加都司衔。

“福星”舰为船政第3号轮船，1870年5月下水，排水量515吨，船上武器装备为威斯窝斯160毫米炮1门，法华士14磅前膛炮4门，派驻海坛岛（今福建平潭境内）一带巡防。

1884年7月，中法两国关系日益恶化，但两国尚未正式宣战。法国远东舰队司令孤拔率领法国12艘军舰以游历为名陆续闯入闽江口，长驱直入马尾港，逐步完成战役部署，与福建水师相傍而泊，对福州、船政局和福建水师造成严重威胁。为图备战，钦差会办福建海疆事宜大臣张佩纶、闽浙总督何璟、福建船政大臣何如璋等立刻将分散各处的船政军舰调回马尾，“福星”舰也由海坛回防马江。

此时中法两军各自拥有自己的优势。法国舰队胜在装备和技术上，参加马江海战的法国舰艇总吨位为 1.5 万吨，超过福建水师总吨位近一倍，福建水师的技术装备较法国舰队落后几十年，但福建水师是主场作战，占有天时、地利、人和的优势，若福建水师战略得当、战术得力，也不是没有胜算。但清政府坚守避战妥协的防御性军事战略，多次拒绝了福建前线将领提出的“塞河”阻敌御敌建议，在中法两国已经实际互为交战国的情况下，放任敌国舰队深入本国军事要地，滞留 40 余日。对此，美国历史学家马士评价：“孤拔的来临使得清政府束手无策。这并不完全是他们的实力薄弱，而是因为在处理有关国际法的问题上，他们不知道如何去做，诸如叫孤拔退出港外。这就使船政局和所属军舰直接处在法国大炮的威胁之下。”

战争一触即发，但清政府却对福建水师连下命令，要求“按兵不动”“切勿生衅”“不准先行开炮，违者虽胜也斩”。福建水师前线指挥紧急会商后定下江上设防方案：以船政水师旗舰“扬武”领队，炮舰“伏波”“福星”“艺新”，蚊子船“福胜”“建胜”，运输舰“琛航”“永保”，从船政江畔向对岸方向呈一字形排开，大致处在罗星塔锚地的边缘上，构筑成一道江上防线。如此，既可以防范法国军舰逼近船政炮击、登陆，同时又把守在通往省城福州的航道咽喉上。熟悉海战的陈英等管驾找到负责福建水师营务的张成，对这个布防方案提出了不同意见，认为船政水师的船与法国舰队的船并排在一起，如果对方先开炮恐怕会导致全军覆没，应该把我方的舰队拉开距离部署，以便前后接应。张成没有采纳陈英的建议。陈英还建议张佩伦“请以各轮船合攻孤拔坐船，而艇船等发火牵制下游，使各轮船水勇及杆雷船截其鱼雷船”，他的作战方案也没被张佩伦重视。面对这种极端不利的局势，陈英积极备战，并下令事态一旦有变，定要与敌人死战到底。马江海战爆发前他寄书家中，表示“受国豢养，为战必以死报”。

慷慨赴死

1884 年 8 月 23 日下午两点，法舰选择落潮有利时机，以优势兵力、火力向福建水师发动突然袭击，马江海战爆发。福建水师仓促应战，甚至来不及砍断船锚。下午两点为闽江口退潮时间，停泊在法舰上游不远处的福建水师舰队，由于水流原因，船头朝向上游，而将火力薄弱的船尾暴露给敌舰，加之毫无开战准备，只能被动挨打。

陈英率领的“福星”号率先投入战斗。被法军重点围攻的旗舰“扬武”号在短短几分钟内就丧失了战斗力，距“扬武”舰较近的“福星”“福胜”“建胜”三舰一面开火攻击敌舰，迫使敌鱼雷艇开往下游，一面砍断锚链，全速驰援“扬武”舰，但还未到达，扬武舰便已沉没。

陈英指挥官兵击退法军 45 号艇后，调转船头攻击敌舰。他的随从劝他暂避敌锋，他对部下说“此吾报国日矣！吾船与炮俱小，非深入不及敌船”，下令冲向敌舰。孤拔指挥 3 艘军舰围攻“福星”号。目睹“扬武”号沉没，“伏波”号受损逃离后，陈英悲痛不已，决心拼死扭转眼前局面。陈英边指挥作战，边鼓励其将士：“大丈夫食君之禄，当以死报！今日之事，有进无退！我船锐进为倡，当有继者，安知不可得胜？”

陈英指挥“福星”舰所有火力猛击法军旗舰，但终因炮小未能击中敌军要害。忽然一发炮弹击中了正在望台督战的陈英胸口，陈英壮烈牺牲，年仅 28 岁。陈英的牺牲更激发了“福星”号将士的血性，二副张春接替指挥，又被炮火击中牺牲。三副王涟继之，也倒在弹雨中……“福星”舰“死伤沉藉，仍力战不退”。法舰又施放鱼雷，击中“福星”暗轮；接着舰上火药舱又中弹起火，“福星”号爆炸下沉，全舰官兵 95 人，仅幸存 20 余人。

马江海战，福建水师几乎全军覆没：9 艘战舰沉没，796 名将士阵亡，伤者不计其数。但在这场几乎一边倒的战役中，陈英等众多将士顽强不屈、慷慨赴死的气节也深深震撼了国际社会。正如西方军事观察者所说的：“真正的荣誉应当属于战败的他们。他们奋斗到底，并与焚烧的战舰一起沉没……”

图 7-1　马江海战陈英慷慨赴死，虽败犹荣

第二节

勇敢与英雄的优美榜样——许寿山

许寿山（1852—1884）

字玉珊，福州人。福建船政后学堂驾驶专业第一届毕业生，先后担任过清军陆营教官、"扬武"舰大副、南洋水师"虎威"舰管带、"艺新"舰管带、"振威"舰管带等职，是近代中国记录较早的海难救助员和海军职业军官。1884年，中法马江战役爆发，许寿山反应迅速，指挥将士顽强抵抗，在"扬威"舰即将沉没的瞬间，他发出了最后一炮，重创敌舰长和两名法国士兵。其英雄行为被外国目击者誉为"具有独特的英雄气概……表现出勇敢与英雄的优美榜样"。许寿山壮烈牺牲，入祀昭忠祠。

风浪磨砺出的职业军人

1871年，许寿山堂课毕业，但仅有课堂的理论学习还不足以成为一名合格的海军军官。正如沈葆桢所说："出自学堂未敢信其能否成材，必亲试之风涛，乃足以觇其胆智。否则实心讲究，譬之谈兵纸上，临阵张皇。"1871年3月，许寿山和他的同学刘步蟾等人一起登上"建威"舰，开始了渴望已久的航海练习。

这是中国近代海军最早的一次远航。据沈葆桢奏称："教习洋员德勒塞驾船南行，先厦门、次香港、次新加坡、次槟榔屿，六月始回工次，计四阅月，除各码头停泊外，实在洋面七十五日……去时教习躬督驾驶，各练童逐段誊注日记，量习日度、星度，按图体认，期于精熟。归时则各童自行轮班驾台，教习将其日记仔细勘对。”此次航海实习，令许寿山积累了良好的军舰驾驶经验。

实习结束后不久，许寿山调任清军陆营教官，随后任“扬武”舰大副、南洋水师“虎威”舰管带、“艺新”舰管带、“振威”舰管带等职。多年来风里来浪里去的军人生涯既磨炼了他的才干，也使他的性格更加豪迈。据记载，“许寿山喜欢结交天下豪杰，亦常以豪杰自命，常慷慨解囊，接济朋友，自己也就落得两袖清风”。

奋不顾身的海难救助员

1876 年 6 月，许寿山在“艺新”舰任大副。该舰是福建船政自行设计制造的第一艘军舰，是木壳船，长 18.88 米，宽 5.67 米，排水量 245 吨，马力 50/200 匹，船小，不适宜远航；平时担任巡洋缉盗任务，遇海难也执行海难救助。1979 年 7 月 25 日，船政大臣吴赞诚上奏清廷，为多次在海上奋勇救助海难的“艺新”号管驾许寿山请奖，在《驾弁许寿山迭次救护船只出力请奖片》中，记载了 1877 年 9 月至 1879 年 4 月间，许寿山 6 次海难救助的具体时间、人名、货名：

1877 年 9 月，美国“佛兰牌利”号夹板船在莆田长屿海面遇风沉没。“艺新”号管驾许寿山驾船救出韦士客拉等 19 名洋人，给以饮食并护送到福州。美国领事戴兰那十分感激，“具文致谢”。

1877 年 11 月，刘金狮商船在长乐松下江面冲礁损坏，许寿山救出遇难商人 13 名，并抢救船只，代为修补。

1878 年 5 月 30 日，“阜康”号载商人由上海至马尾罗星塔江面，将行李银物盘至驳船上。刚刚开卸，暴风突起，驳船顷刻翻覆。许寿山顶风冒雨赶往抢救，救出陈廷隆等 7 人。

1879 年 1 月，金同生商船装运一批木材和纸张等货物，驶至闽江口搁浅漏水。许寿山闻讯赶往抢救，把该商船拖回港口。

1879 年 4 月，“金裕昌”号商船装运杉木 3 400 余根，在马祖澳触礁，船将沉没。许寿山驾船“由三沙展轮而下，拖至古镇，该船赖以保存”。

许寿山在“艺新”舰任职期间，“一闻海难，不管酷暑严寒，出入风涛，无所畏惧，救助周到，体贴入微”。这些被救者得救之后，往往会送财物致谢，他推辞不过时，一定分给一同出生入死参加救援的下属。许寿山急人所急、救人于危难的古道热肠以及廉洁豪迈的作风使他深受将士爱戴。

图 7-2 许寿山在救助遭遇海难的美国旅客

许寿山的海难救助是中国近代发挥轮船作用，主动执行海难救助的较早记载。而早在 1876 年 6 月，清廷就批准福州将军文煜所奏，颁行了《救护洋面中外船只遇险章程》，这比国际上订立的《布鲁塞尔海难救助公约》早了 34 年。

勇敢与英雄的优美榜样

1884 年 7 月，许寿山调任“振威”舰管带。“振威”舰是福建船政所造第 10 号舰，木胁木壳兵船，采用铁钉连接捻缝工艺制造。船长 55.33 米、宽 8.67 米、排水量 572 吨，马力 80/350 匹，编制 80 人。

1884 年 8 月，法国军舰进入闽江口，企图战领台湾和福州。由于清政府避战求和的政策，对交战未做及时有效的准备，下令福建军政大员遵奉“彼若不动，我亦不发”等规定，竟让法国军舰在马尾港与福建水师舰船同泊一处，使福建水师处于被监视和被控制的地位。清廷还再三严令福建水师不准先行开炮，违者虽胜亦斩。这样，一开始中国海军的手脚就被束缚起来了，处于被动挨打的局面。

8月23日下午，法国舰队在马尾罗星塔附近江面突袭福建水师，马江海战爆发。当时船政的舰船共有8艘环卫船厂：运输舰“永保”“琛航”泊于船厂水坪前；旗舰“扬武”率炮舰“福星”“福胜”“建胜”“伏波”“艺新”泊于罗星塔上游与法舰相拒；罗星塔下游方向，3艘炮舰“振威”“飞云”“济安”与3艘法国军舰对峙。法国军舰与福建水师相距仅数百米，对中国军舰形成南北夹击之势，所以进攻是从两个方向同时开始的。

海战开始后，“振威”舰管带许寿山快速做出反应，马上下令砍断锚链应战，迅速反击，立即发炮轰击附近的法舰“德斯丹”号。许寿山身先士卒，冒着炮火登上望台指挥。与“振威”停泊一处的“飞云”“济安”两舰，还没有来得及起锚就中炮起火，很快沉没。法军集中3艘军舰的火力攻击顽强抵抗的“振威”舰。“振威”舰船身多处中弹，遭到重创，轮叶被击毁。最后关头，“振威”舰开足马力向法舰“德斯丹”号冲去，意欲同归于尽。法舰“费勒斯”号急忙以侧舷炮拦击。“振威”舰锅炉中炮爆炸，船身开始下沉。许寿山仍继续指挥顽强奋战。外国的目击者描述说：“这位管驾具有独特的英雄气概，其高贵的抗战自在人的意料中；他留着一尊实弹的炮等待最后一着。当他那打得百孔千疮的船身最后倾斜下沉时，他乃拉开引绳从不幸的‘振威’舰发出嘶嘶而鸣、仇深如海的炮弹，重创了敌舰长和两名法国士兵。”这位目击者惊叹，“这一事件在世界最古老的海军纪录上均无先例”。32岁的许寿山被敌舰机关炮击中，与全舰官兵一同壮烈牺牲。

马江海战历时半小时，福建水师全军覆没，但许寿山等将士浴血杀敌、顽强抗战到最后的不屈斗志和爱国热情，连法国舰队“凯旋”号罗亚尔上尉也不得不承认：他们做了“坚强的抵抗”，“其中有些人表现出勇敢与英雄的优美榜样。在其中一艘巡洋舰上，船身四分之三都着火了，而且即将沉入江中，中国黄旗忽然升起来，又有一个炮手向我们的战舰送来最后的一炮”。福建水师不畏强敌、誓死卫国的精神动摇了法国轻取中国的信心，他们不仅令中国同胞感动，也深深震撼着法国将士。

战后，船政衙门奉旨对许寿山照游击例从优赐恤，入祀昭忠祠。

第三节

忠肝义胆的爱国侠客——吕翰

吕翰（1849—1884）

字赓堂，广东鹤山人。船政后学堂驾驶专业第一届毕业生。历任“长胜”舰、“振威”舰、“飞云”舰、“威远”舰的管带，处事颇具侠客风范，在中法马江海战中力战阵亡、以身殉国。战后，入昭忠祠。

一身正气的少年英雄

吕翰出生在鹤山市沙坪镇楼冲乡大兴村，自幼习武。吕翰的父亲在香港开了一间杂货小店谋生。1864 年，15 岁的吕翰随父母到香港，入皇仁书院继续求学练武。数年后吕翰成长为一个文武双全的英武少年，虎背熊腰、力挺千钧，人们赞道：“吕翰吕翰，虎见心寒。”

那年，吕翰回乡准备成亲，到广州买结婚用品。他行走在惠爱路街头，忽见前面一阵骚乱，一看是 3 个洋人在街上强抢两位少女。吕翰一个箭步冲上前去，义正词严地制止洋人的流氓行为。怎料洋人恃强凌弱、横行霸道惯了，为首的一个挥拳就向吕翰胸口打来。吕翰手疾眼快，他左手顺势接拳，连消带打，右手来个“力劈华山”，洋人扑倒在地，摔得鼻青脸肿。吕翰打跑了洋人，救下了少女，此事在当地传为美谈。后人曾写诗赞道："青年吕翰义气高，惠爱路上救二娥。"

投身海军的爱国青年

吕翰在香港皇仁学院求学多年，接触到西方的科技文明，渴望改变国家积贫积弱的现状。当时洋务派提出的"自强""新政"的口号，吸引了满怀爱国热情的青年吕翰。因此当船政学堂 1869 年来广东招生时，已学过英语、学业基础较好的吕翰毫不犹豫地报考，成为船政后学堂第一届驾驶专业的学生。

1871 年吕翰堂课毕业，成为一名海军见习军官，随船航行各处口岸，在风涛炮火的历练中不断成长。1873 年 9 月晋升"长胜"舰管带，随后调任"振威"舰管带，驻守澎湖，参加了 1874 年保卫台湾的军事行动。1875 因参加保卫台湾有功，升都司。1876 年任"飞云"舰舰长，1877 年调任"威远"舰舰长兼实习教官，奖升游击。1881 年调赴天津北洋水师任职，赏戴蓝翎，授参将衔。1884 年调回船政后学堂任驾驶教官。

慷慨赴难的民族英雄

1884 年 7 月，法国军舰以各种借口闯入福建闽江口，并将军舰停泊在福建海军基地马尾港内，勒索赔款。清廷以"不可衅自我开"为由，既不阻止，又不设防。在双方对峙的一个月中，吕翰等将领眼看一场海战将要爆发，不断向福建前线的指挥官——闽浙总督何璟、会办福建防务大臣张佩纶、船政大臣何如璋等人陈说"先发制人，后发制于人"的道理，建议对法舰果断出击，但都遭到了拒绝。清廷还再三严令福建水师不准先开炮，违者虽胜亦斩。

法国舰队司令孤拔利用福建水师不准移动的时机，指挥法舰进一步逼近福建水师，置福建水师的舰艇于法舰大炮的射程之内。一直严密监视敌人举动的吕翰看出了法军的险恶用心，知道一场恶战已不可避免，并十分清楚军队危险的处境。在这种情况下，吕翰不但没有退缩，反而积极请战，当身为教官的他终于获准统带“福胜”“建胜”两舰时，他登舰抚炮而笑：“酬我志者，此也。”如此从容、慷慨地赴难，是吕翰这位忠肝义胆的侠客给自己人生做出的最后选择。他挥笔给鹤山的妻子冯氏、儿子曰民和表兄冯荫南写了三封遗书：“翰爱国恩，见危受命，决不苟免。”表达了其义不容辞、视死如归的爱国情怀。

8 月 23 日，法国舰队突袭福建水师，马江海战爆发。吕翰率“福胜”“建胜”两舰奋勇向敌舰开炮还击。“福胜”“建胜”是蚊子船，仅在舰首装备有一尊不能转动的前膛阿姆斯特朗 16 吨大炮，火力很弱，而且马力小、笨重迟缓，只能远距离射击。战斗中，吕翰短衣仗剑，如同古代的侠客，冒着炮火指挥作战，面额中弹，血流满面，他稍事包扎又继续指挥，“建胜”舰在迫近敌舰时被击沉，吕翰壮烈牺牲，年仅 35 岁。

图 7-3 马江海战中的吕翰，短衣仗剑，英勇如侠客

战后，入祀昭忠祠，照二品例抚恤，赐云骑尉世袭，清帝命广东总督在原籍设祭，事迹付清史馆立传。

第八章　甲午英烈

1888年，北洋水师历经13年的筹建，终于正式成军。其所属各主力战舰管带，几乎全部为船政学堂历届毕业生。而在1894年的中日甲午海战中，北洋水师的12艘主力战舰，有11位管带来自船政学堂，其中有9位来自第一届毕业生。此役共有50名船政毕业生参战，牺牲16名。这些志存高远的船政学子，用他们的血肉之躯悲壮报国，令山河变色，史称“一校一级敌一国”。

第一节

气壮山河的民族英雄——邓世昌

邓世昌（1849—1894）

原名永昌，字正卿，广州人，船政后学堂第一届毕业生，历任“海东云”舰、“振威”舰、“扬武”舰、“飞霆”舰、“镇南”舰、“扬威”舰、“致远”舰的管带，是近代中国最早的一批职业海军军官，参加过保卫台湾、驱逐日寇等系列军事行动。他治军有方，表现英勇，多次被赏“巴图鲁”勇号。1894 年的中日甲午海战，邓世昌在中方形势危急的情形下，率舰冲向日方主力舰，意欲与敌同归于尽，最后壮烈殉国。战后光绪皇帝亲赐挽联：“此日漫挥天下泪，有公足壮海军威”，并予谥“壮节”。国人视之为民族英雄。

立志报国的追风少年

邓世昌从小资质聪颖，勤奋好学，在家乡以优异的成绩完成了小学学业。其父邓焕庄思想开明，乐于接受西方文明，他把十二岁的邓世昌送进了上海的教会学校学习英语、算术。邓世昌接受新知识能力很强，学业上进步很快，在很短时间内，就能与洋师对话，并能看阅英美原版书籍。洋师对他赞赏有加，十分喜欢这个聪明伶俐的学生。

移居上海后的少年邓世昌，常到外滩、黄浦江边，看到沿江一幢幢鳞次栉比的西式楼房，全是英、俄、美、法等国的领事馆、教堂和各式各样的洋行；看到挂着各种旗帜的外国军舰在中国海口、内江任意进出，横冲直撞，畅通无阻，慨然叹道："中外通商日盛，外舰来华日多，中国的弱点都被外人探知，假使中国不用西法建立海军，一旦强邻挑衅，就无法对付了。"中国积弱积贫的现状，让少年邓世昌产生了深厚的忧患意识，萌生出保卫国家的志向。

1867年，沈葆桢出任福州马尾船政大臣，同时开办前学堂制造班和后学堂驾驶管轮班。学堂开始招生，生源主要为福建本地资质聪颖、粗通文字的16岁以下学生，后来由于生源不足，招生一直扩展到广东、香港一带，并将年龄要求放宽到20岁。邓世昌得知此消息后立即禀告父亲，要求报考。开明的父亲毫不犹豫地答应了他的请求。邓世昌回到广州，参加考试，成绩优秀，顺利考取驾驶专业，实现了当海军报国的梦想。

邓世昌在船政学堂攻读5年，自始至终，奋发学习，自强不息，各门功课考核皆列优等。"凡风涛、纱线、天文、地理、测量、电算、行阵诸法，暨中外交涉例文，靡不研究精通"。尤其是在随"建威"练船到南洋的实习中，邓世昌表现出很高的驾驶和舰船管理才能，深受外籍教师好评。他处事稳重、老练，为沈葆桢所器重，称赞他是船政学堂中"最伶俐的青年"之一。

才能出众的职业海军军官

邓世昌自1871年以优异成绩从福建船政学堂毕业后，先后担任过南方几艘军舰的管带，扼守澎湖、基隆要塞，为保卫东南沿海做出了贡献。1877年，船政首次派学生去英国和法国留学，以邓世昌的综合素质和出色表现，本来完全有条件入选，只是由于当时海军人才紧缺，才把他留在国内继续带兵。但这并不妨碍邓世昌成长为一名优秀的职业海军军官，并在一系列突发事件中表现出过人的职业才能。

1880年，邓世昌作为"镇南"舰的管带随北洋水师的总教习——英国人葛雷森巡弋渤海和黄海。一连几天在风浪中强烈颠簸，水手们个个疲劳憔悴，待军舰行驶到黄海北部的海洋岛时，众人才有了轻松之色。可就在这时，只听"嚓"的一声尖响，一件意想不到的事情发生了——"镇南"舰触礁了。这突如其来的事件，顿时让“镇南”舰上的水手们惊呆了，他们一个个都惶恐地看着上任不久的邓世昌，为他捏了一把汗，企盼他能将军舰救出，否则后果不堪设想。众目注视之下，只见邓世昌沉着镇定地伸手拉响了警报，然后就以他高超的指挥水平和娴熟的驾驶技术，使“镇南”舰离礁脱险，从而避免了一场军舰毁损的重大事故。

1882 年朝鲜兵变，日本借机派舰出兵，欲扩大事态。清政府令北洋水师提督丁汝昌率舰赴仁川应变。丁汝昌接到命令后，即命北洋水师的“超勇”“扬威”和“威远”三舰横穿黄海，急赴仁川。而此时，日本的军舰也向仁川急驶而来。中日双方都很清醒地意识到：谁的舰队能早到仁川，谁就会在朝鲜的事务中占据优势和主动。时任“扬威”舰管带的邓世昌深知此行赴朝任务的紧急和重大，在航行途中阅海图、测航道，与全舰官兵全力以赴，疾速前进，使“扬威”舰比日舰早到一日，挫败了日本扩大侵略朝鲜的计划。在这场中日两国海军的仁川竞逐中，“扬威”舰神速领先，为清政府遏制日本的侵略立了头功。

邓世昌出色的职业才能，让他赢得了“熟悉管驾事宜，为水师中不易得之材”的赞誉，并受到李鸿章的信任和重用。

勇敢务实的军事指挥官

邓世昌是近代中国自己培养出来的第一批优秀海军将领，他治事精勤，练兵有方，以出海常在大洋上做演习而闻名，是一位勇敢务实的军事指挥官。

邓世昌虽然没有出过洋、留过学，但勤奋好学的他抓住了几次出国接舰的机会，认真学习西方海军的先进技术和经验，不仅扩大了眼界，增加了学识，更加谙熟海军的技战术，而且在思想认识上也发生了重大变化。

1881 年，他奉命到英国接游“超勇”“扬威”二舰，利用机会游历了英国海军的主要基地、港口，参观了英国皇家海军学院，学习研究了英国海军的发展历史，还专程去伦敦的特拉法尔加广场（俗称鸽子广场）瞻仰了海军名将纳尔逊高大而逼真的雕塑像。在参观英、法、德各国海军营垒时，他悉心学习外国先进的军事技术和经验，将这些国家的军事装备和训练方法细心地加以比较，各取其长，为己所用。回国后，他向炮船督操丁汝昌建议改革阵法。

1887年春，邓世昌奉命率队赴英、德两国接收“致远”舰、“靖远”舰、“经远”舰、“来远”舰4艘巡洋舰。已是第二次出国接舰带船的邓世昌，此时已被大家公认是一个“西学湛深”“精于训练”的海军专家。舰艇远航训练是海军官兵的必修课，特别是到深海大洋中去摔打。邓世昌认为接舰实际上是不可多得的远航训练机会，所以在接舰回国途中，积极组织海军将士认真进行海上训练。邓世昌在归途中因劳累过度，发了寒热，但他对自己要求很严格。他撑着虚弱的身体，一步步艰难地走上驾驶台，“扶病监视行船”。不仅如此，他还带领全舰官兵在沿途不间断地进行各种操练，“终日变阵必数次”。操练的内容和科目，完全是实战可能发生的，符合战斗的需要，并且要求正规化：“时或操火险，时或操水险，时或作备攻状，时或作攻敌计，皆悬旗传令”，使全体出洋将士得到了很好的锻炼。

作为一名勇敢务实的军事指挥官，他担任管带的“致远”舰，在他的精心训练下“使船如驶马”，成为北洋舰队中整训有素、最有战斗力的主力战舰之一。

气壮山河的民族英雄

1894年7月25日，日本不宣而战，在朝鲜半岛牙山口外的丰岛海面对中国海军发起突然袭击，击沉运兵船“高升”号，挑起中日甲午战争。

8月1日，中日两国正式宣战。9月17日，北洋水师与日本联合舰队在大东沟口外黄海海面相遇，两军大小各炮，连环轰发，这场世界近代海战史上罕见的黄海海战就这样开始了。

在这场海战中，北洋水师爱国官兵对凶悍的敌人无不奋勇当先，英勇杀敌。战斗刚开始，旗舰“定远”号中弹，丁汝昌受伤，但仍然在甲板上坚持督战。激战中，邓世昌表现尤为勇猛。他指挥“致远”舰官兵冲锋直进，纵横海上。交战后不久，日本舰队“吉野”号等四舰驶到“定远”舰的前方，并向“定远”舰进逼，企图击沉北洋水师的旗舰。邓世昌见此情况，为保护旗舰，下令“致远”舰开足马力，驶在“定远”舰之前，迎战来敌。

在激烈的战斗中，由于“致远”舰陷于四艘敌舰的包围之中，中弹累累，舰身倾斜，势将沉没。在这危急关头，邓世昌仍然意气自若，毫不退缩。他激励官兵：“吾辈从军卫国，早置生死于度外，今日之事，有死而已！”“然虽死而海军声威弗替，是即所以报国也！”邓世昌视死如归的气概，极大地鼓舞了全舰官兵顽强奋战，炮弹垂尽，又以步枪向敌舰射击。邓世昌在交战中发现，“吉野”舰是日军的主力舰，自恃其舰速快，横冲直撞，对中国舰只威胁最大。他决意驾“致远”舰撞击“吉野”舰，与其同归于尽，准备以己牺牲，保全军之胜利。他下令开足马力，全速向“吉野”舰冲去，全舰官兵也把剩余的炮弹填入炮膛，向敌舰轰去。

图 8-1　邓世昌坠海后毅然将爱犬按入水中，壮烈殉国

敌舰发现这一情况后，集中炮火袭击“致远”舰。“致远”舰甲板上起火，周围升起了无数水柱，但却像一条火龙冲向敌舰。敌人被吓呆了，惊恐万分，纷纷跳水逃命。日军司令官吓得手足无措，团团乱转。就在这时，日军的一发炮弹不幸击中“致远”舰的鱼雷发射管，管内鱼雷发生爆炸，舰上燃起了熊熊烈火，官兵们纷纷坠入海中。邓世昌坠落海中后，其随从刘忠递给他一个救生圈，他坚决不接，愤

然地说：“事已如此，誓不独生！”他所养的爱犬“太阳”也游到他的身边，衔住他的手臂，但被他推开了。“太阳”不死心，又返回叼住他的头发，使其不致下沉。但抱定与“致远”舰共存亡的邓世昌毅然将爱犬按入水中，自己也从容地消失于黄海的万顷碧波之中。“致远”舰全舰官兵 250 余人，除 27 名获救外，其余全部壮烈殉国。

邓世昌壮烈牺牲后，清廷谥以“壮节”，追赠太子少保衔，入祀京师昭忠祠。山东威海百姓感其忠烈，于 1899 年在成山上为邓世昌塑像建祠，以志永久敬仰。1996 年 12 月 28 日，中国人民解放军海军命名新式远洋综合训练舰为“世昌”号，以示中国海军风骨。

第二节

近代海军栋梁之材——刘步蟾

刘步蟾（1852—1895）

字子香，福州人。船政后学堂驾驶专业第一届毕业生，1877年留学英国。其先后服役于福建水师、北洋水师，曾任北洋海军右翼总兵兼旗舰“定远”号管带、北洋水师代理提督等职，见证了北洋水师创建、发展、覆灭的全过程，是中国近代海军不可多得的栋梁之材。1894年中日甲午海战，其在提督丁汝昌受重伤的情况下，指挥全军英勇杀敌，重创日军旗舰“松岛”号立下奇功。1895年在保卫刘公岛战役中，坚持抵抗到底，反对乞和，在弹尽援绝的情况下，炸沉“定远”舰，自杀殉国，志节凛然。

西学最优的风华少年

1867年，年仅14岁的刘步蟾以优异的成绩考入船政后学堂，立志成为一名优秀的海军军官。刘步蟾学业勤奋，“学习驾驶、枪炮诸术，勤勉精进，试迭冠曹偶”，1871年，在堂课毕业考试中得了第一名。

同年，刘步蟾与林泰曾等18人登上“建威”号练习舰，开始了近代海军史上最早的一次远航练习：南至新加坡、槟榔屿各口岸，北至直隶湾、辽东湾各口岸。出海时，由洋教习德塞勒亲自指导驾驶，学生逐段誊注日记，量习日度、星度，按图体认。返回时则由学生自行轮班驾驶，洋教习将其日记仔细勘对。在这样真刀真枪的航海历练中，刘步蟾表现出很高的专业水准。对此，沈葆桢曾有这样的评价："其精于算法量天尺之学者，则闽童刘步蟾、林泰曾、蒋超英为之冠。"

在1872年驾驶班学生的综合会考中，刘步蟾再次取得第一名的佳绩。凭着一贯出色的表现，在学业全部结束时，刘步蟾和魏瀚、陈兆翱、林泰曾、陈季同5人，作为学堂多年来"西学最优"的学生，受到了奖励。

刘步蟾毕业后的发展也可谓顺利。投身海军的刘步蟾在1874年就担任了"建威"号练习舰的管带，当时年仅22岁，可谓英雄少年，风华正茂。1875年，船政大臣沈葆桢派刘步蟾等人随同洋监督日意格赴欧洲游历，到英、法等国考察学习枪炮、水雷等海军武器装备。1877年，福州船政局选派第一批学生出国留学深造，学业优异并已有过欧洲实地阅历的刘步蟾自然首先就被选入其中。在中国驻英国公使郭嵩焘的协调安排下，刘步蟾等三人直接被派往英国海军地中海舰队实习，刘步蟾担任地中海舰队旗舰"马纳多"号的见习大副。在近三年的留学期间，刘步蟾表现出众，英国远东舰队司令称他"涉猎西学，功深伏案"。1879年，刘步蟾通过英国海军部考试，获优等文凭。

正是通过对留学生学业情况的了解，李鸿章对刘步蟾有了很好的印象。这一点，对刘步蟾后来的海军生涯有着重大的影响。

出色的海军干才

1879年，留学归来的刘步蟾已成为一名阅识丰富的海军军官。李鸿章见他颖达英俊而学有心得，是可充大用的海军人才，就将他留在北洋水师，担任"镇北"号炮舰管带。

回国之初的刘步蟾对国内海军海防的薄弱状况甚感忧虑，他和林泰曾共同研讨，将留学心得写成题为《西洋兵船炮台操法大略》的条陈，上呈给李鸿章，提出中国发展海军"最上之策，非拥有铁甲等船自成数军决胜海上，不足臻以战守为妙"。他主张扩充海军力量，实行积极的海上防御战略。这个建议被清政府采纳。

刘步蟾为中国近代海军、特别是北洋舰队的创建和发展做出了重要的贡献。当时海军海防大举兴办，极缺人才和经验，加之北洋舰队提督丁汝昌是陆军行伍出身的将领而不懂全新的海军业务，因此接受了多年良好正规教育训练的刘步蟾自然被委以各项建军之重任。他不仅多次奉命出国监造舰船、接舰回国，还直接参与北洋水师发展规划的制定。中国第一部正规的海军法典——《北洋海军章程》等一系列海军重要的法规文献，多是由刘步蟾参加或负责具体拟订的。

随着多艘新军舰相继购入，北洋舰队于 1888 年秋正式组建成军。刘步蟾作为旗舰“定远”号的管带，出任北洋舰队右翼总兵。他受提督丁汝昌的委托，主持北洋水师的整顿、训练工作。刘步蟾不负众望，治军严谨，“每夏秋之间，则驻防操演，巡弋辽东、高丽一带，或率两三舰，往日本各口岸；冬、春则巡察南洋群岛，习以为常”。他因此深得官兵们的拥戴。

对刘步蟾的才干，洋监督斯恭塞格曾做过这样的评价：“水师管驾 12 人，以刘步蟾、林泰曾知水师兵船紧要关键，足与西洋水师管驾相等，均堪重任，不但能管驾大小兵船，更能测绘海图，防守港口，布置水雷。”

坚定的民族主义者

北洋舰队组建成军之后，为解决技术和人才的不足，聘募了一批洋人负责顾问和教习工作。由于这些洋员来自不同国度，且素质亦不尽相同，因此有时会与中国官兵发生一些冲突。有着丰富西方阅历的刘步蟾虽然在很多方面接受了西方的科学文明，但在处理这些冲突时，自觉地维护国家的主权和利益，表现出一位民族主义者的坚定立场。

英国海军军官琅威理曾两度受聘为北洋舰队总教习（提督丁汝昌的总顾问），他在军事训练方面颇有专长，为建军之初的北洋舰队的整训做出不少贡献，因此清政府破例赏他以提督官阶，以示崇优。但琅威理从此以舰队副提督自居，飞扬跋扈、着意揽权，竟连丁汝昌手下的左、右翼总兵也不放在眼里。而《北洋海军章程》明确规定，舰队仅设一名提督、两名总兵，根本就没有副提督的职务编制名额。1890 年冬，北洋舰队巡泊于香港，提督丁汝昌有一天离舰上岸公办，右翼总兵刘步蟾按规定撤下提督旗，改挂上自己的总兵旗。此举立即惹怒了骄横的总教习琅威理，他向刘步蟾争执说：“提督离职，有我副职在，何为而撤提督旗？”刘步蟾认为此事关系到舰队的主权问题，因此毫不相让地回答说：“水师惯例如此。”琅威理表示不服，于是这场升旗的纷争一直闹到李鸿章那里，李鸿章当即回电支持刘步蟾。琅威理因此愤然辞职，回国后四处诉说自己在中国受到了侮辱。这场升旗风波，也显示出刘步蟾对国家主权的明确观念。

1894年春，曾在中国海关缉私船上任职的英国海军后备役少尉泰莱，由海关总税务司赫德介绍，到北洋舰队担任总教习汉纳根的顾问兼秘书。泰莱自恃有赫德的背景，在舰队里狂妄自大、野心勃勃，刘步蟾对他的越权举动多次予以坚决制止。泰莱还伙同汉纳根等人向清政府建议：从智利等国购买8艘新式巡洋舰，招募外国海军官兵驾驶，另外组建一支新军。驶抵中国后，与北洋舰队合成一军，撤去中国提督，另派一名洋员担任全军水师提督。这实际上就是1863年李泰国建立“中英联合舰队”计划的翻版。刘步蟾洞悉其险恶用意，全力从中作梗，致使泰莱等人的美梦泡了汤。泰莱也因此与刘步蟾结怨，后来在其回忆录《甲午中日海战见闻记》中蓄意诋毁刘步蟾。由于泰莱和刘步蟾当时同在“定远”舰上，人们很自然地把泰莱的回忆录当作可靠的史料而不加怀疑。于是中国近代史、高校教材、中学教科书，甚至电影都把刘步蟾描写为贪生怕死的反面人物，致使英雄蒙冤长达一个世纪之久，让人为之扼腕。

气概豪爽的性情中人

刘步蟾当学生时就表现出性格豪爽的一面。1872年冬天，后学堂洋教习逊顺非礼虐待学生，刘步蟾组织学生勇敢地进行抗议。他的正义举动得到学生的支持和拥护。

当成为一名职业军人后，刘步蟾更表现出这种“豪爽有不可一世之概”。北洋舰队组建之后，清廷为之沉醉，便停止了增购军舰、扩建海军的步伐。刘步蟾对此深为忧虑，他认为“日本增修武备，必为我患”。他激于爱国热情，亲自面谒李鸿章，进言按年添购铁甲战舰以扩建海军。当李鸿章未置可否时，刘步蟾进一步慷慨直言道："相公居其位，安得为是言！且平时不备，一旦偾事，咎将谁属？"李鸿章为之动容，闻者无不大惊失色，而刘步蟾的神色自如。1895年刘公岛战役，刘步蟾自杀殉国，李鸿章获悉深感惋惜，盛赞刘步蟾当年直陈"御日之计"是实言真心。

刘步蟾的豪爽气概还表现在他富有血性，敢作敢为。黄海海战后，清政府企图通过美国向日本政府试探求和条件，刘步蟾坚决主张抵抗到底，反对向敌乞和，积极贯彻丁汝昌提出的"及时纾力增备"。10月，当朝廷下令将丁汝昌逮京治罪之际，他毅然会同各舰管带发出公电，肯定了丁汝昌"表率水军，联络旱营，布置威海水陆一切"的抗敌行动，并据理力争，要求朝廷收回成命，准许丁汝昌"暂留本任"。在他的努力下，丁汝昌得以不被逮捕，稳住了威海的局势。

志节凛然的海军名将

1894年8月1日，中日两国政府正式宣战。刘步蟾郑重立下了"苟丧舰，将自裁"的誓言，决心与日军在海上战场血战到底。

9月17日，中日黄海海战打响。交战初始，提督丁汝昌负伤，刘步蟾立即代行舰队指挥之职，指挥"定远"舰冲在北洋舰队横队的最前面，将日军由6艘军舰组成的本队拦腰截断，予以猛烈炮击。日舰"比睿"号企图从"定远"号和"靖远"号之间穿过，立即陷入北洋舰队数舰的炮火夹击之中；"定远"舰主炮击中其右舷，在后墙造成爆炸。不久，"定远"舰后主炮又击中日舰"赤城"号。日舰队旗舰"松岛"号、"千代田"号、"岩岛"号、"桥立"号和"扶桑"号5艘军舰，紧紧咬住北洋舰队旗舰"定远"号和"镇远"号这两艘铁甲舰。鏖战中，刘步蟾指挥两舰共同对敌，协同作战。"定远"舰前主炮一发命中日旗舰"松岛"号右舷下甲板，引起弹药爆炸，日军死伤达113人，"松岛"号遭此重创，丧失了战斗力。最后，日军主动收队撤离战场。

1895年1月20日，日本陆军攻占了威海卫城和南北两帮炮台，海军严密封锁海面，达成了对集泊于港内的北洋舰队的水陆夹击态势；北洋舰队由此陷入困境。在险恶的形势下，刘步蟾辅佐丁汝昌，积极组织北洋舰队进行顽强的抵抗，打退了日本海军的多次进攻。2 月 5 日凌晨，刘步蟾和丁汝昌正在“定远”舰上商议作战事宜，日军派出鱼雷艇队进行偷袭，“定远”舰被鱼雷击中。刘步蟾一面组织堵漏，一面果断地下令砍断锚链，将“定远”舰驶至刘公岛附近的浅水处，以充当炮台使用。此后，刘步蟾指挥“定远”舰配合炮台，先后打退了日军的 8 次进攻。

2 月 10 日，被困在刘公岛的北洋舰队弹尽粮绝，外援无望，危在旦夕。滩岸边的“定远”舰也已是伤痕累累，不堪久战。此时，北洋舰队内部一些官兵逼迫丁汝昌和刘步蟾率军投降。刘步蟾坚辞拒降，但也深感自己无力挽回大局。为免资敌，他忍痛下令炸沉了由自己在德国监造并一直驾驶的“定远”舰。当天深夜，处于极度绝望悲愤中的刘步蟾服毒自杀，做到了“舰亡与亡，志节凛然，无愧舍生取义”，时年仅 44 岁。清廷谕令：将刘步蟾照提督阵亡例从优赐恤，世袭骑都尉加一等云骑尉。一代海军名将，就这样与他所钟爱的战舰，一同消失在保家卫国的海上疆场。

图 8-2　困守刘公岛的刘步蟾忍痛下令炸沉“定远”舰

第三节

中国海军的宝刀——林泰曾

林泰曾（1851—1894）

字凯仕，福建侯官人。船政后学堂驾驶专业第一届毕业生，1877 年作为第一届留欧学生留学英国，系北洋海军高级将领，为左翼总兵兼"镇远"舰管带。1894 年中日黄海海战后，其率领的"镇远"舰入港时触礁受损，其自认失职，愧对国家，自杀殉职。

资深学优的将门之后

林泰曾出身将门之后，民族英雄林则徐是其叔祖父，时任福建船政大臣沈葆桢是其姑父。但其幼年父母双亡，家境贫寒，由寡嫂抚养长大。

1867 年，林泰曾考入船政后学堂，学习驾驶技术，在学堂学习期间，"历考优等"，被誉为"闽省学生出色之人"。1875 年，林泰曾与魏瀚、陈兆翱、刘步蟾、陈季同 5 人因为"在学堂多年，西学最优"而受到奖励。

1877 年，林泰曾作为船政学堂第一批留欧学生赴英国留学，入英国皇家海军学院学习。他因成绩优异，获准到英国地中海舰队"索来克柏林"号铁甲舰实习，后又改上"潘尼洛布""阿其力"及"威灵顿"等舰实习，学习兵法、备战、布雷、枪炮等技术，逐渐掌握了较为系统的西方科学技术知识和作战训练本领。留学生洋监督斯恭塞格称赞林泰曾是最出色的学生，认为他"知水师兵船紧要关键，足与西洋水师管驾官相等。不但能管驾大小兵船，更能测绘海图、防守港口、布置水雷”。认为他可堪重任。

学成回国后，林泰曾调入北洋水师，常年巡历重洋，驾驶操练极为勤奋，为北洋水师建设出力颇多，连李鸿章也称赞他“资深学优”。

中国海军的宝刀

1879 年，林泰曾与刘步蟾先期学成回国，调任北洋水师“飞霆”炮船管带。他和刘步蟾一起将留学心得写成《西洋兵船炮台操法大略》，上呈直隶总督李鸿章，建议加强海军力量以抵御外侮，指出发展海军“最上之策，非拥铁甲等船自成数军决胜海上，不足臻‘以战为守’之妙”。此议为李鸿章所采纳。

1880 年，林泰曾奉命随提督丁汝昌赴英国接收“超勇”“扬威”号巡洋舰。在英国期间，他陪同丁汝昌参加在议政院举行的纪念火车发明者史蒂芬森百岁诞辰庆祝宴会。宴会上，林泰曾用流利的英文致祝酒词：“我中国提督与在座诸君致谢，非独谢今日之宴也！盖谓中国员弁勇丁到此以来，受诸公及本地民人之款待为已优矣！但愿英国与中国永相和睦，无忘旧好，且史蒂芬森百年庆寿，我中国官员得赴盛筵，何胜荣幸。愿史蒂芬森子孙世享其泽。夫史蒂芬森创立轮火车利遍各国，我中国他日用之，大获其利，则中国之幸，亦诸君之幸也。”参加宴会的数百位宾客为之鼓掌叫好。

1881 年，“超勇”“扬威”二舰在英国纽克所港举行升旗仪式，驻英公使曾纪泽亲自为二舰鸣炮升旗，这是我国近代海军军舰第一次升国旗航行国外。军舰回国途中路过各国时均鸣炮祝贺，西方各国始知中国有海军。

林泰曾在北洋水师服役多年，为北洋水师出力甚多。1888 年，他与周馥、丁汝昌、罗丰禄等人奉命参照中外海军规章阵法，议订了《北洋海军章程》，这是近代中国海军订立的第一部法规性文件。同年 10 月，《北洋海军章程》经朝廷批准颁布实行，标志着北洋水师正式成军。林泰曾被任命为北洋海军左翼总兵，兼带“镇远”舰，加提督衔。

林泰曾性格沉毅，待人仁厚，信任下属，深受拥戴。沈葆桢赞他“深通西学，性行忠谨”。出众的才能加上良好的处事风格，使林泰曾成为中国近代海军中的翘楚。他先后两次随北洋海军出访日本，给日本海军界留下了极深刻的印象，日本海军界称他是中国海军的“宝刀”。

图 8-3 林泰曾出访日本，被誉为中国海军的“宝刀”

智勇双全的战场指挥官

1894 年 6 月，日本海军在朝鲜丰岛海面偷袭中国军舰及运兵商船，挑起了中日甲午战争。7 月 1 日中国对日宣战。此后，日本联合舰队采取回辟方针，不与中国海军正面交锋，其目的是从海上支援其陆军，使他们顺利攻占平壤。对此，林泰曾认为应采取主动进攻策略，“举全舰队扼制仁川港”，与日舰“一决胜负于海上”。

北洋水师提督丁汝昌赞同他的意见，但受限于李鸿章“北洋千里，全资屏障，实未敢轻于一掷”的指示，致使这个计划未能实现。

8月18日11时，北洋水师在黄海大东沟附近发现日本联合舰队，北洋水师立即以人字雁行阵列队迎战。“定远”“镇远”两舰炮大甲厚，冲锋在前。临战前，林泰曾下令卸除舰上的舢板，以示“舰存与存，舰亡与亡”。

战斗一开始，北洋舰队就将日本舰队拦腰截断。林泰曾指挥“镇远”舰沉着应战，与旗舰“定远”紧密配合，先后击中日本“吉野”舰，重创日本“比睿”“西京丸”“松岛”3舰。战至下午3时左右，“定远”舰首中弹起火，并遭受日本第一游击队4舰的围攻，形势异常危险。在这紧急关头，林泰曾指挥得力，一面掩护“定远”旗舰，一面奋勇拼战，“开炮敏捷”。在“镇远”舰的掩护下，“定远”舰得以扑灭大火，转危为安。下午3时20分以后，战场上只剩下“定远”“镇远”2舰与日本舰队5舰厮杀。在日舰炮火的猛烈攻击下，“镇远”舰受伤上千处，并多次起火，但全舰战士在林泰曾的带领下，奋不顾身，英勇战斗，一面救火，一面抵敌，向日舰发射开花弹400余颗，小炮的弹药也发射几尽。由于“镇远”与“定远”配合默契，最终顶住了5艘日舰的围攻，并将日本旗舰“松岛”击成重伤，完全丧失了指挥和战斗能力。下午5时30分，日本舰队首先撤离战场，海战结束。

战后论功，林泰曾被赏授“霍春助巴图鲁”勇号。

舍生取义的血性汉子

黄海海战后，北洋水师到旅顺整修。9月29日，李鸿章命北洋水师驶回威海卫。林泰曾率舰驶入威海港口，当时水涸，雷标漂出范围，“镇远”舰为避雷标误触暗礁，船身裂痕余三丈，进水甚急。林泰曾设法堵漏，舰船安然驶进内港，但已不能高速航行。此时舰队船坞所在地旅顺已为日军所攻陷，因此亦不可能再修复作战，北洋舰队实力大减。

林泰曾自认失职，义愤填膺，跳海自尽，时年44岁。“死之日，知与不知，咸为扼腕”。李鸿章奏称：“左翼总兵管带‘镇远’铁舰林泰曾，频年巡历重洋，驾驶操练，均极勤奋。日前大鹿岛一役，苦战多时，坚忍不拔。方冀从此历练，可成海军将才，乃因所管铁舰被伤，引义轻生。知耻之勇，良可悯惜。”

林泰曾自杀殉职，一方面说明他是一名自律甚严、敢于舍生取义的血性汉子；另一方面也揭示了当时弥漫在北洋水师内部的悲观绝望情绪。在林泰曾之后，刘步蟾、林永升、丁汝昌等一批北洋水师最优秀的将领相继自杀殉国，都有这一深层次的心理因素。

参考文献

REFERENCE

1. 福州市地方志编纂委员会，沈岩 . 船政志［M］. 北京：商务印书馆，2016.

2. 沈岩 . 船政学堂［M］. 北京：科学出版社，2007.

3. 沈岩 . 船政与近代中国教育［M］. 福州：福建人民出版社，2016.

4. 沈岩 . 船政史话：政协福建省福州市马尾区委员会文史资料［M］. 厦门：鹭江出版社，2016.

5. 林庆元 . 福建船政局史稿［M］. 福州：福建人民出版社，1999.

6. 金秋蓉 . 船政与近代中国科技［M］. 福州：福建人民出版社，2016.

7. 金秋蓉，肖郁哉 . 观澜船政文化［M］. 北京：人民交通出版社，2009.

8. 陈悦 . 近代国造舰船志［M］. 济南：山东画报出版社，2011.

9. 刘传标 . 船政人物谱［M］. 福州：福建人民出版社，2017.

10. 刘江华 . 左宗棠传信录：基于清宫档案的真相还原［M］. 长沙：岳麓书社，2017.

11. 朱华 . 船政文化研究（第七辑）［M］. 厦门：鹭江出版社，2011.

12. 张兰英 . 船政文化概论［M］. 厦门：鹭江出版社，2014.

13. 福建船政学校史志编纂委员会 . 福建船政学校校志［M］. 厦门：鹭江出版社，1996.

14. 陈道章 . 船政研究文集［M］. 福州：福建省音像出版社，2006.

15. 张作兴 . 船政文化研究［M］. 北京：中国社会出版社，2003.

16. 林樱尧 . 船政研究集萃：纪念福建船政创办一百四十周年（1866—2006）［M］. 福州：福建省马尾造船股份有限公司，2011.

17. 张作兴 . 船政文化研究——船政奏议汇编点校辑［M］. 福州：海潮摄影艺术出版社，2006.

18. 福建省省情资料库：http://www.fjsq.gov.cn/index.asp.

19. 中国船政文化网：http://www.czwh.org.cn/.

附录

APPENDIX

附录一 船政学堂历届毕业生花名册

船政学堂从1866年开办至1912年，前后办学46年，有文字记载的毕业生超过1 357人，已查明的毕业生共计650人（无记载的无法计入）。其中，制造学堂毕业生167名；绘画学堂第一届毕业生2个班共22名，另有1个班10名学生转入前学堂第一届毕业，第二届以后毕业生人数不详；艺徒学堂第一届毕业生4个班共87人，第二届起，毕业人数和名单不详（从船政学堂有文字记载的招生人数和在校生人数等情况看，艺徒学堂和匠首学堂毕业生总数约在500人以上）；驾驶学堂毕业生245名；管轮学堂毕业生129名；电报学堂毕业生6名。

一、前学堂制造专业毕业生计167名

第一届39名（1866—1874年）

魏　瀚　陈兆翱　郑清濂　林怡游　李寿田　吴德章　杨廉臣　陈林璋　罗臻禄

池贞铨　林庆升　梁炳年　张金生　林日章　陈季同　郑　诚　汪乔年　游学诗

林钟玑　陈平国　苏汝灼　陈　成　陈日璋　杨风贻　顾成德　林祖新　魏　才

（尚缺12人名单，本届毕业生有10名从绘事院转入）

第二届 20 名（1869 年 4 月入学，1878 年毕业）

王庆端　李芳荣　魏　暹　陈才鍴　王福昌　王回澜　陈伯璋　黄　庭　林鸣埙
黄成观　胡维鐈　李联奎　曾宗瀛　林介圭　陈功奎　古之诚　王　新　林桂昌
叶锡三　陈继成

（陈才鍴和古之诚系绘事院转入，1876 年吴赞诚奏折中提到古之诚还在绘事院）

第三届 19 名（1876—1883）

王寿昌　陈庆平　高而谦　游学楷　陈长龄　林　藩　李大受　郑守箴　林振峰
卢守孟　叶乡寅　王维桢　李寿萱　王韶聪　杨济成　林志荣　许寿仁　柯鸿年
葛绍绥

第四届 31 名（1883—1892）

施恩孚　林福贞　黄德椿　卢学孟　曾仰东　李译诗　李寿川　石　琛　陈振家
胡有文　林钟钦　刘冠同　许赞周　陈锡周　陈海瑞　吴德潜　丁平澜　郑守钦
魏子京　王庆安　陈兆翥　孙庆芳　高庄凯　陈宝瑄　董廷瑞　薛启昌　陈心楷
林　鑫　蒋树蕃　林蓬春　林芬荣

第五届 19 名（1885—1892）

许尚坚　高开成　陈兆炳　陈炳年　董朝钰　高　讲　方兆鼎　郑以撰　周文郁
张发义　姚绍镠　陈承襄　周锡昌　乐耀贤　姚济川　陈常棣　黄步运　卢则贤
陈伯成

第六届 30 名（1897—1905）

李世中　李孟买　李向濂　沈觐宸　萧　宽　郑荣宽　郑秉谦　王思斌　陈锡龄
陈挺元　曾广昌　杨葆谦　陈贞海　王鸿全　张　沁　陈为干　杨茂贞　黄曾溶
张大榕　王宜汉　苏方节　廖宗和　贾　勷　林绍亨　马翊昌　陈崧英　王以汉
韩孟杰　谢振全

（尚缺 1 人名单）

第七届 9 名（1902—1907）

周葆燊　郑颖孚　陈德湜　林福臻　苏宝崇　王愫昌　杨俶谦　陈大龄

（制造专业漏列沈颐清 1 名，届数不详）

二、后学堂驾驶与管轮专业毕业生计374名

（一）驾驶专业毕业生计245名

第一届33名（1866—1871年堂课毕业，1873年9月舰课毕业）

罗丰禄　李达璋　严　复　沈有恒　邱宝仁　陈毓淞　林永升　叶祖珪　陈锦荣
黄　煊　许寿山　林承谟　柴卓群　郑溥泉　黄建勋　张　成　林国祥　叶　富
吕　翰　黎家本　邓世昌　李　田　李　和　梁梓芳　卓关略

（尚缺8人名单。名单中后10名系粤籍，编为外学堂学生，堂课毕业时间较晚，1873年才开始舰课实习）

第二届13名（1869—1874年，1875年开始上舰实习）

萨镇冰　叶　琛　邓聪保　林颖启　吴梦良　陈锡三　江懋祉　郑文郁　陈文庆
唐宸科　林国裕　卢华大　卢鸿杰

第三届8名（1871—1875年，同年开始上舰实习）

林履中　许济川　林森林　戴伯康　陈　英　兰建枢　韦振声　史建中

第四届27名（1876—1880年，同年先选8人上舰实习）

许兆箕　杨则哲　黄裳治（原名裳吉）陈伯涵（原名燕年）林占熊　唐　佑
邝　聪　丁兆中　刘冠雄　李鼎新　陈兆艺　黄伦苏　曹廉正（原名廉箴）
关　景　丁泌波　陈善元　罗熙禄　何品璋（原名尔立）王　珍（原名培成）
谢子勋　陈　荣（字兆麟）梁祖勋　谢润德　何金胜　吴松森　陈寿彭

（尚缺1人名单）

第五届9名（1876—1881）

林祥光　程璧光（原名碧光）梁鸿春　陈恩焘　王　涟　张　珍　石文铭
陈宗器　丁澄澜

第六届 10 名（1877—1883）
翁祖年　刘　容　黄鸣球　叶大俊　郑文超　翁守瑜　张哲溁　李联芳
沈叙龄　陈应濂

第七届 11 名（1878—1883）
温桂汉　陈兆兰　罗忠尧　李国圻　陈常绥　叶　琅　陈大懿　翁守恭
陈福烘　邱志范　罗忠溶

第八届 16 名（系同文馆留美回华学生，1881 年入学，1883 年毕业）
陈钜庸　詹天佑　吴应科　欧阳庚　苏锐钊　陆永泉　杨兆楠　邝泳钟
徐振鹏　容尚谦　黄季良　薛有福　邓士聪　吴其藻　宋文翙　邓桂廷
（其中陆永泉、邓桂廷提前离校，本届并非全部同时毕业）

第九届 13 名（1882—1887）
贾凝禧　罗忠铭　周献琛　朱声岗　高承锡　郑文英　林葆怿　许赞虞
曾瑞琪　林韵珂　林敬熥　张秉奎　陈怀羔

第十届 7 名（1883—1886）
林文光　沈正增　罗之彦　游于艺　林鉴殷　林敬章　关庆祥

第十一届 11 名（1885—1900）
陈镜澜　黄以云　林靖澜　黄钟瑛　林秉诚　周思镕　孙　筠　张海鳌
周兆瑞　卓大宾　蔡馨书

第十二届 13 名（1885—1900）
吴光宗　陈杰年　魏祖培　王宗香　许继祥　江宝容　陈嘉濂　任帮鼎
曾清沂　陈兆用　陈心蔚　陈大昭　陈文彬

第十三届 9 名（1887—1892）
陈尚衎　黄　燮　林炳枢　陈旋枢　游福海　周思贤　林乔椿　郑孝增
郑大濂

第十四届 12 名（1887—1892）

沈希南　黄树声　李景曦　陈家鋆　林颂庄　林振莹　张景南

余叔典　蓝希雍　叶心存　黄郁章　叶　琦

第十五届 6 名（1900—1905）

陈玉璋（麟）王　麒　刘鸣岐　张哲培　林　熔

肄业：许崇智

第十六届 14 名（1900—1905）

高幼钦　赖汝寿　常书诚　魏子荣　梁同怿　欧阳驹　许建廷

张增存　贾　勤　陈训泳　王葆谦　李国堂　林鸿滋

肄业：高鲁

第十七届 7 名（1901—1906）

李孟斌　李景澧　魏子浩　萨　夷　林　蟾　贾　理　陈尔燊

第十八届 16 名（1902—1907）

林秉衡　林镜寰　林元铨　杨雋声　姚启飞　周国钧　刘颐德

陈毓澄　张哲训　苏学经　蔡传泰　廖德星　林传铭　张嘉麟

胡有年　黄年生

第十九届 10 名（1903—1909 年 1 月）

汪肇元　陈祖祺　陈孔耀　林舜藩　孙维城　沈　燮　叶心传

叶宝琦　张同渠

（漏列 1 名）

（二）管轮专业毕业生计 129 名

第一届 22 名（1868—1874）

何朝先　陆麟清　郭成志　卓关邦　梁逸卿　李可富　黎阿本　陈景康

黎晋骆　李亚文　林鹤龄　杨进宝　彭就胜　张永清　冯瑞金　周荣贵

陆三兴　杨　光　余贞顺　洪得意　胡金元　郑官合

第二届 32 名（1876—1882）

庞铭世　伍兆佳　刘荫霖　林　泉　区贤灿　戴庆涛　罗荫皆　陈兆锵
陈如璧　郭文进　庞廷桢　曾光时　潘锡基　刘昭亮　郭乃安　陈治安
李福龄　梁祖全　郑守恒　黎弼良　马应波　刘冠南　王齐辰　刘义宽
何林英　张玉明　卢鸿彬　叶大银　梁祖群　梁福藻　典显章　陈锦起

第三届 8 名（1878—1883）

王　桐　张茂福　黄履川　胡尔楷　刘善述　陈鹤潭　陈如衡　郑文恒

第四届 15 名（1883—1889）

王考鸣△　吴保和△　刘　康△　陈伯祥　周敬让　卢毓英△　张斌元
任邦珍　陈冀宸　林亨豫　梁季恺　葛希颜　沈念祖　陈宝璋△　林朝鼎△
（被标注“△”者毕业后再入黄埔水陆师学堂航海 2 届或管轮 4 届并毕业）

第五届 11 名（1885—1890）

潘琮璋　林傅善　郑华钟　曾光世　周文祺　梁志柱　洪光安　王兆陶
陈忠捷　陈开镰　王可华

第六届 8 名（1885—1891）

梁　蓉　吴景泰　林以溶　江大荣　梁敬埏　陈　铨　黄本周　陈芳卿

第七届 10 名（1890—1896）

潘兆清　刘贻远　唐德炘　陈承植　董朝镛　陈翊汾　黄天鳌　李伯壬
林支龙　陈大豫

第八届 6 名（1899—1904）

常朝干　郑　玑　高近宸　魏　怀　沈秉楷　陈忠镃

第九届 5 名（1901—1906）

周光祖　林锡康　梁敬搓　叶宜彬　陈声扬

第十届 6 名（1902—1907）

韩玉衡　杨　逾　李孟衍　叶天庚　郑友益　陈培松

第十一届 6 名（1906—1911）

吴明观　张嘉㰄　王道斌　叶心衡　苏学雍　陈诗涛

（三）电报学堂电报专业毕业 6 名

第一届 6 名（1876—1883）

（名单缺）

（四）绘事院毕业生（名单不全，以下为已查明部分）

黄聚华　陈伯锋　曹子述　王大铿　陈大谦　黄秉星

游桂镜　郑幼椿　任国澜　王庆琛　王大全

（黄聚华系 1879 年左右入绘事院学习，1913 年前任福州海军艺术学校校长。1897 年前毕业生名单全缺）

（五）艺圃毕业生（名单不全，以下为已查明部分）

第一届 37 名（1868—1873）

裘国安　陈可会　郭瑞珪　刘懋勋　张启正　王桂芳　任　照　吴学锵

叶殿乐　陈和庆　刘栋臣　黄　戴（以上 12 人系留法学生）　周英先

卢昌元　高奉英　陈痕全　林佩顺　陈承筹　吕庠南　陈昆元　陈蔗修

颜欣其　高月贵　陈国辉　柯风英　陈恒庆　陈萍秀　培　勋　陈震洲　任新奇

（尚缺 7 人名单）

第二届50名

（名单缺）

第三届5名

郑家蜂　任兆贵　游寿山　周宝书　陈德隆

注：资源来源于沈岩的《船政学堂》

附录二 船政毕业生官职表

一、毕业生晚清时期官职表

（一）驾驶专业第一届毕业生任舰长名表

序号	舰（船）名	职务	姓名	备注
1	长胜、飞云、威远、福胜、建胜	管驾督带	吕　翰	所列舰（船）名系先后在该舰（船）担任过管驾。以下同
2	长胜、振威、威靖	大副管驾	李　田	从“振威”号起任管驾
3	海东云、龙骧、靖远、扬威	管驾	张　成	
4	琛航、伏波、济安	管驾	林国祥	
5	琛航、扬武、振威、致远	管驾	邓世昌	从“扬武”舰起任管驾
6	海东云、超武	管驾	叶　富	1880 年在浙江台州剿匪战死，赠游击给骑都尉世职
7	长胜	管驾	黎家本	
8	建胜、万年清	管驾	郑溥泉	
9	飞云、扬武	管驾	梁梓芳	
10	建胜	管驾	陈毓淞	
11	振威	管驾	沈有恒	
12	艺新、振威	管驾	许寿山	
13	镇东、定远	管驾	刘步蟾	
14	镇西、超勇、镇远	管驾	林泰曾	
15	镇南、澄庆	管驾	蒋超英	
16	镇中、经远	管驾	林永升	
17	平远（原龙威）	管驾	李　和	

（续前表）

序号	舰（船）名	职务	姓名	备注
18	镇边、靖远	管驾	叶祖珪	
19	扬武、镇西、镇北、济远	管驾	方伯谦	1874年“长胜”轮大副
20	虎威、来远	管驾	邱宝仁	
21	开济	管驾	何心川	
22	艺新、龙威（平远）	管驾	林承漠	
23	超勇	管驾	黄建勋	
24	登瀛洲	管驾	叶伯鋆	

（二）任把总（七品）以上武官名表

姓名	职务	姓名	职务
刘步蟾	总兵（二品）、代理提督	戴伯康	游击
林泰曾	总兵	吴应科	都司（四品）（后升参将）
邓世昌	总兵	何品璋	都司
张　成	游击（三品）	王齐辰	都司
蒋超英	游击（加参将衔）	刘应霖	都司
叶　富	守备（五品）	林文彬	都司
方伯谦	副将（从二品）	李　和	都司（1911年授正参领）
叶祖珪	副将	兰建枢	都司
林永升	副将	梁祖全	都司
邱宝仁	副将	沈叔龄	守备（五品）
黄建勋	副将（三品）	刘冠南	守备
林履中	副将	徐振鹏	守备
李鼎新	游击（1911年授正参领）	宋文翙	守备
佘贞顺	游击（后升参将）	陈兆锵	守备
郑文恒	守备	何心川	参将
张玉明	守备	程璧光	千总（六品）（后授守备，1911年授协都统，三品衔）
李联劳	守备	吴应科	副将（后加总兵衔）（1911年授协都统）

（续前表）

姓名	职务	姓名	职务
翁宗瑜	守备	何品璋	都司
郑文超	守备	严　复	1911 年一等参谋官协都统衔（相当于少将）
翁祖年	守备	徐振鹏	1911 年一等参谋协都统衔
陆麟清	参将（三品）	郑清濂	1911 年授正参领（相当于上校）
萨镇冰	参将（1911 年授副都统加正都统衔）	林葆怿	1911 年授正参领
林颖启	参将		

（三）技术员绅名表

1. 船政各厂总工程师名表

姓名	职务	姓名	职务
魏　瀚	制造道员（四品）	汪乔年	制造道员
陈兆翱	制造道员（后升游击，三品）	任　照	监工（工程师）、千总（六品）
郑清濂	制造道员（原四品都司）	王桂芳	监工（工程师）、千总（六品）
陈林璋	制造道员（原五品守备）	吴学锵	监工（工程师）、千总（六品）
吴德章	制造道员	林庆升	监工（工程师）、四品都司
李寿田	制造道员（原五品守备）	池贞铨	监工（工程师）、五品守备
魏　暹	制造道员	林日章	监工、七品县丞
杨廉臣	制造道员		

2. 厂长、校长等官员名表

姓名	职务	姓名	职务
罗臻禄	大沽船坞总办（厂长）	陈季同	北洋水师营务处
刘义宽	广东黄埔船坞总办（厂长）	蒋超英	江南水师学堂监督（校长）
严　复	天津水师学堂总办（校长）	吴应科	上海江南船坞总办（授总兵衔后补副将，三品）

3. 铁路官员名表

姓名	职务	姓名	职务
詹天佑	工科进士、粤川铁路总理	丁平澜	正太铁路总办
李大受	京汉铁路副总管	郑　诚	京绥铁路总办兼京张铁路会办
卢守孟	川汉铁路行车总管	陈庆平	漳厦铁路总工程师
高而谦	川汉铁路总监督	王回澜	漳厦铁路副总工程师
王寿昌	川汉铁路会办		

二、毕业生民国时期官职表

1. 任海军总长名表

姓名	开始任职时间	备注
黄钟瑛	1912 年 4 月	兼总司令
李鼎新	1912 年 5 月	1922 年再次继任
萨镇冰	1917 年春	先后三次任总长，曾代理国务总理
程璧光	1917 年 6 月	未到职，同年任广州护法政府海军总长
刘冠雄	1913 年 3 月	1917 年二次任总长，兼总司令

2. 任海军次长名表

姓名	开始任职时间	备注
李　和	1913 年 11 月	
徐振鹏	1918 年 9 月	
陈训泳	不详	
魏济民	1934 年、1945 年 12 月	（军政部海军署副署长）

3. 任海军总司令、副总司令、参谋长、副参谋长名表

姓名	职务	任职时间	备注
程璧光	总司令	1911年12月	各地起义海军代表推举
黄钟瑛	总司令	1911年12月	各地起义海军代表推举
黄裳治	参谋长	1911年12月	各地起义海军代表推举（代理总司令职）
黄钟瑛	总司令	1912年4月	
萨镇冰	总司令	1917年春	
程璧光	总司令	1917年6月	
兰建枢	总司令	1918年3月	
徐振鹏	代总司令	1924年	
林葆怿	总司令	1917年	广州护法政府海军部，后改任参谋长
何品璋	参谋长	1927年	
李景曦	代总司令	1927年	
陈训泳	参谋长	1935年	
魏济民	参谋长	1946年5月	
高如峰	副参谋长	1947年4月	

4. 任舰队司令名表

姓名	职务	开始任职时间	备注
黄钟瑛	兼第一舰队司令	1911年11月	
兰建枢	海军左司令	1912年4月	
吴应科	海军右司令	1912年4月	
徐振鹏	海军右司令	1912年6月	
李景曦	淞沪海军司令	1924年9月	
兰建枢	第一舰队司令	1912年12月	左司令改任
徐振鹏	第二舰队司令	1912年12月	右司令改任
林葆怿	练习舰队司令	1913年7月	8月改任第一舰队司令
徐振鹏	练习舰队司令	1915年5月	
林颂庄	第一舰队司令	1917年6月	
周兆瑞	第一舰队司令	1922年6月	

（续前表）

姓名	职务	开始任职时间	备注
李景曦	第二舰队司令	1923 年	
李景曦	练习舰队司令	1925 年 2 月	
许建廷	第二舰队司令	1925 年 2 月	
陈训泳	练习舰队司令	1927 年 3 月	
李国堂	海防第一舰队司令	1946 年	
梁序昭	海防第一舰队司令	1947 年 10 月	
林　遵	海防第二舰队司令	1947 年 10 月	
程法侃	江防舰队参谋长	1947 年 7 月	

5. 任海军部（总司令部）参事、参谋、视察、总参议、高级顾问（相当于高级参谋职务）名表

姓名	职务	开始任职时间
李鼎新	参事	1912 年 9 月
李　和	参事	1912 年 9 月
林葆怿	参事	1912 年 9 月
黄裳治	参谋	1913 年 12 月
吴光宗	参谋	1913 年 12 月
蒋超英	视察	1912 年 5 月
邓聪保	视察	1912 年 9 月
何心川	视察	1912 年 9 月
许继祥	视察	1913 年 5 月
黄裳治	视察	1922 年
周光祖	视察	1922 年
吴光宗	总参议	1927 年
萨镇冰	高级顾问	1929 年
周光祖	参事	1929 年
萨镇冰	高等顾问	1938 年
陈兆锵	顾问	1938 年
周光瑞	顾问	1938 年

6. 任军港、要港、基地、军区司令名表

姓名	职务	开始任职时间
林颖启	军港司令	1914 年 1 月
李孟斌	马港元要港司令	1913 年兼、1932 年任
李国堂	马港元要港司令	1945 年 8 月
高如峰	台澎要港司令	1946 年
高如峰	第三基地（高雄）司令	1947 年 7 月
高如峰	第二基地（青岛）司令	1948 年 3 月
高如峰	第二军区（青岛）司令	1948 年 3 月（基地改军区）
梁序昭	第二军区（青岛）司令	1948 年 8 月

7. 任海军部（总司令部）司长、总轮机长、造舰主监、技正名表

姓名	职务	开始任职时间
何品璋	军务司长	1917 年
陈恩焘	军务司长	1918 年
曾瑞琪	军需司长	1912 年 11 月
李景曦	军学司长	1920 年
许继祥	军法司总执法官	1912 年
陈寿彭	军法司总执法官	1915 年
徐振鹏	兼总务厅长	1920 年
常朝干	技正	1912 年 9 月
吴德章	技正	1912 年 10 月
郑 诚	技正	1912 年 10 月
沈希南	技正	1913 年 5 月
吴德章	造舰主监（少将同等官）	1916 年前
魏 瀚	造舰总监（中将同等官）	1916 年前
严 复	编译处总纂	1912 年 8 月
严 复	编史处总纂	1914 年 12 月
刘冠南	轮机长	1913 年 4 月
何品璋	海军军需长	1913 年 4 月
何品璋	海军军衡长	1913 年 11 月

（续前表）

姓名	职务	开始任职时间
黄裳治	海军军械长	1913 年 4 月
王齐辰	总轮机长	1916 年 1 月
贾　勤	军务司长	1934 年 2 月
唐德炘	舰政司长	1934 年前
唐德炘	舰政处长（原司改处）	1945 年
许继祥	舰政司长	1934 年前
林元铨	军械处长	1935 年 2 月
欧阳宝	编纂处长	1947 年 5 月
周应聪	第五署署长	1948 年
曾国晟	第六署（技术）署长	1947 年 5 月
陈书麟	第六署副署长	1947 年 9 月

8. 任海校校长、海军工厂厂长、造船所长等职名表

姓名	职务	开始任职时间
魏　瀚	驻英海军留学生监督（兼）	1915 年 10 月
李　和	南京海校校长	1912 年 8 月
王　桐	福州海校校长	1913 年 10 月
张斌元	福州海校校长	
陈兆锵	福州飞潜学校校长（兼）	1918 年
陈兆锵	福州海校校长	1926 年
沈觐宸	福州海校校长	1926 年
李孟斌	福州海校校长	1933 年
陈林璋	福州海军制造学校校长	1912 年 10 月
陈长龄	福州海军制造学校校长	1915 年
沈觐宸	福州海军制造学校校长	1919 年
黄聚华	福州海军艺校校长	1912 年 10 月
陈德隆	福州海军艺校校长	
曾宗瀛	福州海军艺校校长	
李　田	黄埔海军艺校校长	1917 年前

（续前表）

姓名	职务	开始任职时间
邓聪保	广东海校校长	1917 年
曾瑞琪	烟台海校校长兼台海军枪炮传习所所长	1915 年
魏　瀚	福州船政局长	1912 年 8 月
郑清濂	福州船政局长	1913 年 8 月
刘懋勋	福州船政副局长	1916 年 7 月
陈兆锵	江南造船所所长	1913 年 2 月
陈兆锵	福州船政局长	1915 年 9 月
王齐辰	江南造船所所长	1915 年 9 月
刘冠南	江南造船所所长	1916 年 9 月
吴光宗	海军租船所副监督	1920 年
陈恩焘	海道测量局局长（兼）	1921 年
许继祥	海道测量局局长	1922 年
吴光宗	海道测量局局长	1927 年 3 月
吴光宗	海军驻京办事处处长	1928 年 3 月
吴光宗	海道测量局局长	1930 年 8 月
许继祥	兼海岸巡防处处长	1924 年 6 月
吴光宗	扬子江引水传习所所长	
韩玉衡	厦门船坞总办	1930 年 2 月
韩玉衡	厦门造船所所长	1930 年 3 月
萨　夷	厦门造船所所长	1933 年冬
李孟斌	马尾造船所所长（兼）	1933 年 10 月
韩玉衡	马尾造船所所长	1933 年底
曾国晟	海军工厂管委会主任（厂长）	1940 年 2 月
王致光	海军工厂厂长	1940 年 12 月
周应聪	驻英国海军副武官	1941 年 11 月
曾国晟	海军上海工厂厂长	1945 年 9 月
林惠平	江南造船所所长	
林祥光	中央海军训练团主任	1946 年
陈赞汤	中央海军训练团代主任	1947 年
魏济民	青岛海校校长	1947 年

9. 船政学堂毕业生民国时期将官名表

姓名	职务	开始任职时间
李鼎新	曜威将军（上将）	1917 年 1 月
兰建枢	澄威将军	1921 年 8 月
萨镇冰	肃威将军（上将）	1922 年
李景曦	渊威将军	1924 年
刘冠雄	海军上将	1912 年 11 月
黄钟瑛	海军中将加上将衔	1912 年 11 月
李鼎新	海军少将，海军上将	1913 年
李　和	海军少将	1912 年 11 月
蓝建枢	海军少将	1912 年 11 月（后晋升中将另封号）
李鼎新	海军少将	1912 年 11 月（1913 年授海军上将）
徐振鹏	海军少将	1912 年 11 月
萨镇冰	海军少将	1913 年
程璧光	海军少将	1913 年（1922 年追授一级海军上将）
林葆怿	海军少将	1912 年 12 月
刘冠南	海军轮机少将	1912 年 12 月（后授轮机中将）
陈兆锵	海军轮机少将	1912 年 12 月（1915 年授轮机中将）
曾瑞琪	海军少将	1913 年 8 月
林颂庄	海军少将	1913 年 8 月
宋文翙	海军少将	1913 年 8 月
林颖启	海军少将	1914 年 1 月
李国堂	海军少将	
何品璋	海军少将	1915 年
黄鸣球	海军少将	1913 年 12 月
邓聪保	海军少将	1912 年 12 月
吴应科	海军少将	（后升中将）
李景曦	海军少将	（后升中将加封号）
陈恩焘	海军少将	1918 年
周兆瑞	海军少将	1928 年
许继祥	海军少将	
陈训泳	海军少将	1913 年（1935 年授中将，1944 年追授上将）

（续前表）

姓名	职务	开始任职时间
许建迁	海军少将	
黄棠治	海军少将	
李孟斌	海军少将	
王齐辰	海军轮机少将	
贾　勤	海军少将	1936 年
唐德炘	海军少将	1936 年
张哲培	海军中将	
许崇智	海军上将	
曾万里	海军少将	1944 年追授
曾国晟	海军少将	1947
柳鹤国	海军少将	1948
林　遵	海军少将	1947
高如峰	海军少将	1948
周　烜	海军代将	1947

10. 任舰长、副舰长毕业生名表

（1）民国初年至抗日战争前，船政学堂毕业生任舰长及其任职舰名表

姓名	任职舰名	姓名	任职舰名
陈训泳	通济、楚同、海筹	吴光宗	同安
林镜袁	普安、海筹、联鲸	李国堂	福安、海圻、飞鹰、肇和
林颂庄	海鲸、飞鹰	贾　勤	华安
李孟斌	联鲸、楚同、永绩、普安、海筹	刘冠雄	海天
林元铨	楚有、应瑞	黄钟瑛	飞鹰、镜清、海筹
汪肇元	光安、飞鹰	张曾存	飞鹰
许建迁	联鲸、普安、海筹	林舜藩	江犀
林葆怿	海容	高动钦	飞鹰
何品璋	海筹	萨　夷	江利
黄鸣球	肇和	叶心传	海琛（副长）
宋文翙	镜清	陈镜澜	秋阳
周兆瑞	海容、江贞	孙维城	张字（鱼雷艇）

（续前表）

姓名	任职舰名	姓名	任职舰名
林秉衡	楚泰	陈祖珙	建中
魏子浩	永丰（后改中山）、楚有、海琛	江宝容	甘露（测量舰）

（2）1920—1949年海校毕业生任舰长、副艇长名表

姓名	任职舰名	姓名	任职舰名
傅　成	永绥、长治	程法佩	民权
郭鸿久	江宁	李世鲁	郝穴
严传经	义宁	王大恭	英德
叶水源	崇宁	陈行源	艇名不详
王致光	楚谦	林祖煊	焦山
倪华銮	健康	陈沪生	崇宁
郭友亨	健康	郑天杰	灵甫
贾　珂	辰字、湖鹏	赵梅卿	永绩
高鹏举	湖隼	林　溥	中练
邵　仑	永绥	林葆怿	咸宁
张家宝	江犀	柳鸿图	伏波
韩廷枫	安东	吴健安	惠安
郭秉衔	江贞	陈在和	永顺
陈　迪	舰名不详	郭成森	长治
周应聪	海容	李作健	太阳
曾国晟	应瑞	卢振乾	永顺
严又彬	健康	刘荣林	重庆
聂锡禹	永安	郑国荣	民权
梁序昭	湖鹏、峨嵋	吕叔奋	楚谦、中山、威宁
叶可钰	中山、平海	张秉炎	江贞
马世炳	义胜、威宁	何清永	艇名不详
张天宏	中山	欧阳宝	艇名不详

注：以上表格包括部分清代毕业、民国时期任命和民国时期毕业后任命的毕业生。

资料来源：沈岩．船政学堂［M］．北京：科学出版社，2007.